일과 사랑으로 행복한 성공을 발견하는
한 줄기 빛은 자신 안에 있다

와일즈 이펙터

와일드북은 한국평생교육원의 출판 브랜드입니다.

일과 사랑으로 행복한 성공을 발견하는
한 줄기 빛은 자신 안에 있다

와일즈 이펙터

초판 1쇄 인쇄 · 2021년 11월 25일
초판 1쇄 발행 · 2021년 11월 30일

지은이 · 김명수
기 획 · WILDS 출판기획
발행인 · 유광선
발행처 · 한국평생교육원
편 집 · 장운갑
디자인 · 이종헌

주 소 · (대전) 대전광역시 유성구 도안대로589번길 13 2층
　　　　　 (서울) 서울시 서초구 반포대로 14길 30(센츄리 1차오피스텔 1107호)
전 화 · (대전) 042-533-9333 / (서울) 02-597-2228
팩 스 · (대전) 0505-403-3331 / (서울) 02-597-2229

등록번호 · 제2018-000010호
이메일 · klec2228@gmail.com

ISBN 979-11-88393-79-4 (03190)
책값은 책표지 뒤에 있습니다.

잘못되거나 파본된 책은 구입하신 서점에서 교환해 드립니다.

일과 사랑으로 행복한 성공을 발견하는 한 줄기 빛은 자신 안에 있다

와일즈 이펙터

I don't Know nevertheless I am WILDS

김명수 지음 | WILDS 출판기획

WILDS
EFFECTER

와일드북

필자는 사람이 책이고 교과서라고 본다. 1년 365일 도서관에서 잠자는 책이 아니라 한순간도 멈추지 않고 군중 속에서 우리와 함께 부대끼며 살아 숨 쉬는 사람책이 나는 좋다.

이 시대의 다양한 롤모델 인물들을 끊임없이 발굴하고 인터뷰해서 세상에 소개하고 알리는 인물 전문기자를 천직으로 택한 이유도 바로 그 때문이다.

필자가 인물 인터뷰에 집착하는 이유는 오직 하나다.

세상에 이런 사람들이 알려져서 더 많아진다면 얼마나 좋을까? 그런 사람들을 줄기차게 찾아내 인터뷰를 진행해 왔다.

필자는 인터뷰를 진행하면서 사람책을 통해 지식을 뛰어넘는 지혜를 얻고 세상 사는 법을 배워나간다. 종이책에도 양서가 있듯이 사람책에도 혼자 보기 아까운 '양서'가 있다. 그런 사람을 인터뷰하면 가슴이 뛴다.

20년 넘는 세월 동안 국내외를 넘나들며 1,000명이 넘는 인물을 심층 인터뷰했다. 자신의 분야에서 입지를 구축한 사람들이다. 그중에서도 가장 기억에 남는 인물을 추리고 추려서 35명을 이번 책에 담았다.

물은 100도가 돼야 끓는다. 조금만 더 노력하면 100도가 되어 물이 끓는데 대부분 사람들은 그걸 못 참고 99도에서 포기하는 경우가 많다. 참으로 안타까운 현실이 아닐 수 없다.

사람들은 환경, 주변, 학력을 탓하지만 자기가 생각했던 한 가지 직업을 택하여 꾸준히 노력하면 불가능은 없다고 생각한다. 천재는 노력하는 자를 이길 수 없다. 노력하는 사람은 즐기는 사람을 당해낼 수 없다.

우리는 인류가 한 번도 경험하지 못한 코로나19 세상을 살고 있다. 세계 경제는 무너졌고 2년째 심각한 불황에서 벗어나지 못하고 있다.

하지만 생각해보면 세상은 언제나 위기와 기회가 공존했다. 위기 속에서도 성공한 사람이 있고 호기를 만나도 쓰러지는 사람이 존재했다. 위기를 뒤집으면 기회가 온다. 여기 등장한 인물들도 모두 그런 사람들이다.

현실이 힘든 사람들에게는 이 책이 위로와 희망의 디딤돌이 되고, 성공한 사람들에게는 자신을 돌아보는 계기가 되었으면 좋겠다.

김명수

차 례
CONTENTS

2장 Imagine: 생생하게 상상하자

3장 Learn: 살아있는 동안 배워야 한다

4장 Declare: 명확한 목표를 세워 당당하게 선언하라

5장 Share: 사람과 사업이 지속하기 위해서는 감사한 마음과 태도로 나누어야 한다

WILDS EFFECTER

1장

Want :

간절히 원해야 한다

장애인 세계 최초 히말라야 14좌 완등
열 손가락 없는 산악인

김

홍

빈

열 손가락 없는 조막손 산악인 김홍빈 대장은 장애인 세계 최초로 세계 7대륙 최고봉과 히말라야 14좌 정상에 오른 불굴의 사나이다.

김홍빈 대장은 세계 7대륙 최고봉 등정에 이어 히말라야 8,000m 이상 14좌 중 이미 13좌를 오르고 마지막 하나 남은 브로드피크(8,047m) 정상을 밟기 위해 2021년 6월 14일 출국했다. 그리고 마침내 2021년 7월 18일 오후 4시 58분(현지 시각) 브로드피크(8,047m) 정상에 올랐다.

그러나 기쁨도 잠시, 김홍빈 대장이 히말라야 14좌 완등 마침표를 찍고 하산 도중 해발 7,900m 부근에서 실종되었다는 비보에 온 국민의 환호는 순식간에 탄식으로 바뀌었다. 현지에서 헬기로 6차례나 수색했지만 끝내 김홍빈 대장을 찾지 못했다.

김홍빈 대장은 다시 돌아올 수 없는 몸이 됐지만 지구촌 장애인들에게 희망의 별이 되어 그가 사랑하던 히말라야 품에 영원히 안겼다.

저자는 김홍빈 대장이 히말라야 14좌 도전 출국길에 오르기 전前부터 마지막 순간까지 카톡을 통해 인터뷰를 진행했다. 다음은 김홍빈 대장과 인터뷰했던 내용이다.

그에게 산은 꿈이다. 삶보다 꿈이 먼저다. 삶은 궁핍해도 좋지만 꿈은 포기할 수 없다. 어렵고 힘들수록 난관을 뚫고 나가려는 에너지가 뿜어져 나온다는 김홍빈 대장은 모든 조건이 갖춰진 도전을 도전이라 부르지 않는다. 8,000m 14좌 정상을 밟더라도 온전한 몸과 열 손가락 없는 장애인이 오르는 의미는 다르기 때문이다.

그의 삶은 산에서 시작해서 산으로 끝난다. 1%의 가능성만 있다면 1,000번을 시도하겠다는 각오와 100% 성공할 수 있다는 신념으로 도전을 멈추지 않는다. 1983년부터 산을 탔으니 벌써 39년째다.

28살이던 1991년 북미 매킨리봉(6,194m) 단독 등반 중 사고로 열 손가락을 모두 잃었다. 산이 전부였던 그에게 닥친 현실은 끔찍하고 참담했다. 장애인 운전면허를 따고 이 일 저 일 해보았지만 산에 대한 미련 때문에 오래가지 못했다.

그러던 어느 날 문득 남은 인생을 이렇게 살 수는 없다는 생각이 그의 발길을 산으로 되돌려 놓는 계기가 되었다. 구르고 넘어지고 뛰면서 국내 산행을 시작으로 잠시 접었던 꿈을 찾아 다시 산에 오르기 시작했다.

열 손가락 없는 장애의 몸으로 불가능해 보이던 7대륙 최고봉을 등정하고 8,000m 14개 봉우리 등정에 나섰다. 열 손가락을 산에 묻고도 꺾이지 않는 불굴의 신념으로 산에서 다시 일어서고 지금까지 산을 오르고 있다.

그 손으로 직접 운전을 하고 산에 오를 때도 단독 산행이 주류를 이루며 더 힘들고 난도가 높은 익스트림 고산 등반을 즐긴다.

김홍빈 대장은 전남 고흥 출신으로 광주에서 대학을 졸업하고 현재 광주에서 살고 있다. 고등학교 때부터 고산 등반을 꿈꿨고 산이 좋아 대학교 산악부에 들어가면서 산을 탔다. 1989년 첫 해외 원정등반으로 에베레스트(8,848m)에 도전했으나 성공하지 못했다. 2000년에 재도전했다가 또 실패하고 2007년에 만년설로 뒤덮인 세계 최고봉의 정상을 밟았다. 2013년 봄에는 히말라야 칸첸중가(8,586m) 등정을 마치고 악전고투 끝에 구사일생으로 돌아왔다.

시련은 있어도 그의 인생 사전에 중단은 없다. 어떠한 장애도 산에 대한 그의 열정을 꺾지 못한다. 그는 1년 365일 모든 삶의 포커스가 산에 맞춰져 있다. 쇄골이 부러진 상태로 물리치료를 받고 약속장소에 나타나서도 산에 대한 말만 나오면 신바람이 난다. 체력을 키우기 위해 건물이나 아파트를 드나들 때도 엘리베이터를 이용하지 않고 계단으로 걸어 다닌다. 술·담배를 멀리하고 스키, 사이클, 인라인스케이트를 즐겨 타는 이유도 원정등반에 대비한 몸만들기의 일환이다.

못 말리는 승부 근성에 운동신경이 뛰어나고 지칠 줄 모르는 도전정신까지 있으니 무슨 운동을 해도 끝을 본다.

2013년 전국장애인동계체육대회 알파인 3관왕, 전국장애인체육대회 도로사이클 개인도로 독주 24km 2위, 트랙경기 팀스프린트 1위 기록이 그의 실력을 증명한다.

장애를 입기 전에 암벽등반을 탔다는 그는 현재 대한장애인스키협회 이사, 광주시 장애인사이클연맹 이사로도 활동하고 있다.

"산에 오르더라도 눈보라가 쳐야 재밌어요. 내 배낭 속에는 어떠한 악천후가 닥쳐도 살아나올 수 있는 장비가 다 들어있습니다. 그래서 무인도에 혼자 떨어져도 두려울 게 없지요."

산에서 입은 장애를 산을 통해 극복하는 초인적인 모습을 보여 많은 이들에게 희망의 메신저로 불리는 그가 세상 사람들에게 전한다.

"많이 넘어져 봐야 일어서는 법을 배울 수 있습니다. 나도 힘든 아르바이트 많이 해보았거든요. 실패를 두려워 말고 젊어서 알바 등 힘든 일 많이 해봐야 합니다."

산이라면 죽고 못 사는 그가 일반인에게 도움이 될 등산 팁 하나를 알려준다.

산에 갈 때는 배낭이 커야 한다. 언제 일어날지 모를 안전사고에 대비하기 위해서다. 산행 중에 뒤로 넘어지더라도 배낭이 크면 그 자체로 몸을 보호할 수 있다.

"해외 원정등반 떠나기 두 달 전에 허리뼈에 금이 간 적이 있어요. 그래도 원정등반 갔어요. 가면서 다 나았어요. 2008년 마칼루 갈 때였어요. 신기하게도 그때 가장 쉽게 등반하고 왔어요."

열 손가락을 다치기 전에는 암벽등반을 했다는 그는 오로지 산에 가기 위해서 운동하고 원정등반 재원을 마련하기 위해서 직장생활을 하고 있다.

"나에게 산이 없으면 아무것도 없습니다. 내 인생도 물론 없습니다."

해외 원정 고산 등반 때 칼바람도 무섭지만 그가 꼽는 가장 큰 공포는 순식간에 몰려오는 짙은 구름과 눈보라 치는 화이트아웃white out이다. '시야 상실'로 한 치 앞이 안 보인다.

10대 때부터 만년설로 뒤덮인 산을 꿈꿨고 항상 갈망하며 지금도 포기하지 않고 산을 타고 있지만 그는 결코 서두르지 않는다. 정상 자체보다 정상에 오르기 위해 준비하고 도전하는 과정이 더욱 의미 있고 아름답다고 믿는다. 장애인이라는 이유로 무모하고 불가능한 도전이라며 거들떠보지도 않는 주변의 편견에도 아랑곳하지 않고 그는 자신의 가능성을 믿었고 도전을 실행에 옮겨 여기까지 왔다.

장애 산악인 중 세계 최초로 엘브루즈(5,642m, 유럽)를 시작으로 아프리카의 킬리만자로 등 7대륙 최고봉과 히말라야 8,000m급 14좌 가운데 에베레스트(8,848m), 칸첸중가(8,586m), 안나푸르나(8,091m), 가셔브룸(8,068m) 등 13개 봉에 올랐고 이제 14좌까지 브로드피크(8,047m)만을 남겨놓고 있다.

열 손가락 없는 장애의 몸으로 왜 그토록 산에 목숨 걸고 매달리는지 김홍빈 대장의 대답을 듣고 싶었다.

"산에 가지 않으면 행복하지 않으니까요. 산에 가면 모든 근심 걱정이 사라져요. 오직 오를 생각만 합니다."

열 손가락 없는 산사나이의 꿈은 어제도 오늘도 내일도 오직 산이다.

"두 손이 있을 땐 나만을 위했다. 두 손이 없고 나서야 다른 사람이 보였다."

남극에서 그가 남긴 말이다.

사람들은 행복해지길 원하면서도 변화보다는 안정을 선호한다. 꿈은 꾸지만 도전은 하려 들지 않는다. 그래서 그가 다시 보인다. 열 손가락을 모두 잃은 장애를 안고도 멈출 줄 모르는 그의 위대한 도전이 우리의 가슴을 뛰게 한다.

히말라야에서 날아온 통신

김홍빈 대장은 2021년 6월 21일, 히말라야 원정 등반 중에 본서의 설문 답변을 마치고 그 결과를 제출했다는 소식을 카톡으로 전해왔다. 인터넷도 잘 안 되는 파키스탄 산악 오지에서 인터넷에 접속하여 '깨알' 같은 설문에 응하고 그 결과를 카톡으로 전해준 김홍빈 대장이 눈물겹도록 고맙다. 다음은 김홍빈 대장이 히말라야 원정등반 대장정 도전 중에 현지에서 카톡으로 보내온 소식이다.

◆ **김홍빈 대장이 히말라야에서 전하는 근황**(2021. 6. 18. 15:39)

유유히 흐르는 인더스강을 바라보며 상쾌한 아침을 맞이하고 있습니다. 한국보다 4시간 늦습니다. 오늘도 좋은 하루 되시기 바랍니다. 스카루드 콩코르디아 모텔에서 원정대장 김홍빈 드림.

◆ **히말라야 14좌 완주 도전 10일째 김홍빈 대장 현지 통신**(2021. 6. 23. 9:38)

유유히 흐르는 인더스강을 거슬러 올라 발토로 빙하를 따라 브로드피크 베이스캠프 향하는 카라반 첫날(23일) 스카르두에서의 컨디션은 저 멀리에서 들리는 새들의 지저귀는 소리와 함께 아주 상쾌한 아침을 맞이합니다. 브로 차~ 차~

◆ **히말라야 14좌 완주 도전 김홍빈 대장 현지 통신**(2021. 7. 12. 21:21)

콩코르디아의 남쪽 Mt. 초콜리사가 구름에 가리고 남풍이 불면 K2와 브로드피크에 구름이 몰려와 날씨가 나빠집니다. 8일부터 11일까지 구름 한 점 없던 날씨가 12일 아침 서서히 K2와 브로드피크 주변에 구름이 몰려들고 있습니다.

브로드피크 등정 D-day

　▲ 14일– 캠프2 　▲ 15일– 캠프3 　▲ 16일– 캠프4 　▲ 17일– SUMMIT

　김홍빈 대장이 히말라야 8,000m 이상 14좌 완등 대위업을 달성할 감동의 순간이 다가오고 있다. 무사히 임무를 마치고 건강하게 금의환향하기를 간절히 소망한다.

　김홍빈 대장과 저자가 주고받은 소식은 여기까지다. 이후 김홍빈 대장은 현지 기상 악화로 예정보다 하루 늦은 7월 18일 히말라야 14좌 완등 쾌거 소식을 전 세계에 타전했다. 그러나 안타깝게도 브로드피크 정상에 태극기를 꽂고 하산길에 실종되어 그가 그토록 사랑하던 히말라야의 별이 되었다.

WILDS EFFECTER

Want | 미래에 이루고 싶은 꿈이나 목표가 있다면 어떤 것들이 있으신가요?

— 장애인, 청소년, 모든 국민들에게 나도 할 수 있다는 꿈을 심어주고 싶습니다.

Imagine | 원하는 것이 이루어진 상태를 상상하면 어떤 모습인가요? 무엇이 보이고 들리고 느껴지시나요?

— 많은 분들의 격려와 응원, 어려움을 극복하며 멈추지 않는 끝없는 도전이 있었습니다.

Learn | 미래 성공 모습이 되기 위해 개발할 능력이나 학습하고자 하는 것들은 무엇인가요?

— 준비가 되어 있어야 남보다 먼저 기회를 잡을 수 있다.

Declare | 꿈과 목표를 이룰 것을 세상에 선언한다면 무엇이라고 말씀하시겠습니까?

— 7대륙 최고봉 완등, 8,000m 14좌 완등, 3극점(에베레스트 남극점, 북극점)까지 이루고 싶다.

Share | 자신의 성장과 성취를 통해 얻은 결실, 배움, 지혜 등을 누구에게 어떤 방식으로 나누거나 기여하고 싶으신가요?

— 장애인, 청소년, 어려운 국민들과 나누고 싶습니다.

지구 3바퀴 반을 돈
세계여행전문가의 끝없는 변신

노
도
윤

노도윤

지구를 3바퀴 반 돈 여자, 지금까지 다녀온 나라가 150개국에 이른다.

세계성문화—성교육강사이자 세계탐험 여행전문가인 노도윤 씨는 이웃집 나들이처럼 세계여행을 즐긴다.

초호화 유람선 크루즈 여행까지 섭렵한 그녀를 만나면 '글로벌 여행' 상담에 성교육까지 받을 수 있다.

세계여행 경비로 3억을 쏟아부었지만 그 덕분에 지금은 최고의 세계여행 탐험가로 대접받으면서 세계여행을 떠날 때마다 모든 여행 경비를 협찬받고 두둑한 수입까지 올리고 있다.

전 세계의 다양한 문화를 속속들이 들여다본 노하우를 밑천으로 문화전도사이자 세계성문화 전문가로도 잘나가고 있다.

대한적십자사 서울지사 홍보대사로도 활동하면서 레드크로스탑클라우드 고액후원자모임을 만들어 어렵고 소외된 이웃들에게 봉사와 나눔 천사로 희망의 등불을 선사하고 있다.

해외여행은 갈 때마다 느낌이 다르다. 계절에 따라 다 다르고 같이

간 일행에 따라 다르고 가장 중요한 건 여행자의 그때그때 마음에 따라 다르다.

"남미의 칼라파테 빙하는 가기가 쉽지 않죠. 볼리비아 우유니 소금 사막은 너무 좋아 지상에서 천국을 느끼고 왔어요. 시리아와 이집트에 갔을 때는 전쟁 중이었어요."

전라북도 정읍의 시골 마을에서 태어나 어린 시절을 고향에서 보냈고, 중학교 2학년 때부터 세계 일주 꿈을 가슴에 품었다.

"중학교 2학년 때 사회 선생님께서 '너희들이 성인이 되는 시대에는 너희가 원하면 세계 각국을 여행 갈 수 있다.'라는 말씀을 해주셨어요."

그 말을 귀담아듣고 그때부터 세계 일주를 꿈꿨다. 그리고 대학 때부터 해외여행을 다니기 시작했다.

세 번씩이나 세계 일주를 다녀온 그녀는 자유로운 영혼으로 '그저 건강하게 살아 있다는 이유 하나만으로도 모든 것에 감사할 따름'이라며 '더 이상의 미련도 욕심도 없을 만큼 깃털처럼 몸과 마음이 가볍고 자유롭다.'라고 털어놓는다.

"어려서 가슴에 품었던 세계 일주 꿈이 이루어졌죠. 그래서 꿈은 이루어진다는 강의를 합니다. 특히 시골 오지 학생들한테 꿈을 키워주기 위한 강의를 많이 합니다."

여행을 다녀온 사람은 뭔가 다르다. 세상을 넓게 보고 많이 경험한 만큼 일상의 삶 속에서도 주변 사람들을 위한 배려와 남을 위하는 마음이 있어야 진정한 여행자라고 생각한다.

그에게 여행은 평생 멈출 수 없는 꿈이다. 그래서 나이가 들어갈수록 50대든 60대든 90대든 죽을 때까지 꿈과 목표가 있어야 한다고 늘 이야기 한다.

크루즈 초호화 유람선도 타보았다. 배낭여행으로 해외 오지를 다니지만 때로는 돈이 들어가더라도 한 번뿐인 인생 자신만의 럭셔리한 여행을 해보고 싶어서다.

여행을 통해서 세상을 넓게 본 만큼 넉넉한 마음으로 모든 사람의 마음조차 담아낼 수 있는 넓은 가슴과 깨달음도 함께 얻었다.

배낭 하나 둘러메고 세계 각국을 다니다 보면 내가 어떤 일을 했을 때 가장 가치 있고 즐거울 수 있는지 잃어버린 나의 정체성을 찾고 나만의 시간을 되돌아보는 기회가 될 수 있다.

노도윤 세계여행가는 우리보다 못사는 나라들, 다양한 문화가 혼재하는 나라들과 아프리카 오지 여행은 꼭 가보라고 권한다. 우리가 얼마나 풍요롭고 여유롭게 살고 있는지를 직접 경험을 통해서 느껴보라는 의미에서다.

"아이들한테 특히 시골 학교 청소년들에게 꿈과 비전 강의를 하면서 '나도 시골에서 자라면서 지금과 같이 꿈을 이루었다.'라며, 꿈은 이루어진다는 글로벌리더십 강의를 합니다."

그는 여행에서 보고 느끼는 유적과 유물도 좋지만 사람을 통해서 느끼는 감동이 가장 크다고 말한다.

"세계 일주를 하면서 직접 만나는 사람들을 통해 얻는 게 좋아요. 그러면서 '우리나라가 참 대단한 나라구나.' 하는 자부심과 자랑스러움을 느끼죠."

노도윤 세계여행가는 세계성문화와 성교육 전문 강사로도 왕성하게 활동하고 있다. 여행을 취미로 삼아 세계 각국을 다니면서 다양한 성문화를 접했다. 심리학을 전공한 그는 프로이트에 관심이 있어서 깊이 파고들다 보니까 성교육 전문가의 길에 들어선 계기가 되었다.

인간이 죽기 전에 꼭 가봐야 할 여행지로 그는 우선 이집트를 꼽았다. 문명의 발생지인 나일강을 따라 인간의 무한한 다양한 잠재적 능력을 느끼게 해주었던 카이로의 스핑크스와 피라미드를 시작으로 룩소, 아스완, 아부심벨, 멤피스의 사카라, 에드프, 콤옴보의 추억을 떠올렸다.

쿠바 하바나, 코히마루 바라데로 가는 길에 노인과 바다의 헤밍웨이를 생각하며 잠시 맛보았던 칵테일 모히또와 피냐콜라다 한 잔의 여유도 잊지 못한다.

이탈리아 베네치아의 야경과 오스트리아의 할슈타트, 아름다운 낭만의 섬 그리스 산토리니, 신과 인간의 합작품이자 천년의 세월을 간직한 터키의 가파도키아, 푸른 빙하와 만년설이 어우러진 스위스 융프라우도 멋진 인생 샷의 한 페이지를 남긴 여행지로 회고했다.

로렐라이의 전설이 흐르는 독일의 젖줄인 라인강변의 동화속 마을 뤼데스 하임, 북유럽 노르웨이의 항구도시 베르겐, 인도인의 젖줄이자 삶과 죽음이 공존하는 종교의 근원지인 갠지스강과 바라나시 등 갈 곳은 무수히 많고 세계는 넓다.

그는 여성들에게 자기 자신을 위해서 한 번쯤 여행을 떠나보라고 권한다. 남편과 자녀 뒷바라지하느라 희생하고 헌신도 좋지만 결국은 내가 행복해야 가족들이 행복할 수 있기 때문에 나를 위해서 나만의 여행을 떠나보라고 조언한다.

"여행은 아는 만큼 보입니다. 가기 전에 항상 그 지역에 대한 공부를 해야 해요. 여행은 계획을 세우고 준비하는 과정이 가장 즐겁습니다. 돌아와서는 그 즐거움으로 더 의욕적인 일을 할 수 있고 또 다른 여행을 꿈꾸면서 삶 자체가 너무 행복하고 즐거워요."

"그동안 돈만 모이면 무조건 여행을 떠났어요. 7남매 중 막내다 보니까 엄마가 대주고, 형제들도 모아서 주고, 알바 하다가 결국은 시간이 아까워서 알바 안 하고 여행을 떠났어요. 이제는 형제한테 빌린 돈 다 갚았고 조카들 여행 간다면 여행경비 제가 다 대주죠."

인생 참 멋있게 산다. 세계여행을 가장 많이 다닌 여자, 바로 그녀 노도윤 씨다.

"배낭 하나 달랑 메고 야생마처럼 살아왔어요. 자유로운 영혼으로 하고 싶은 대로 마음가는 대로 여한도 미련도 없이 살아왔어요. 돈으로 환산할 수 없는 세상을 가슴에 품고 있기 때문에 더 많은 주변 사람들에게 더 통 크게 나누고 베풀며 살고 싶어요."

노도윤 씨의 변신은 끝도 없다. 50년 넘게 사용해온 이름 노미경도 2020년에 노도윤으로 개명했다. 코로나로 해외 여행길이 막히자 노도윤 씨는 다시 한번 통 큰 변신을 했다.

서울에서도 가장 비싼 금싸라기 지역 강남대로에 국내 제1호 여행카페 노 작가의 아지트를 오픈해서 운영하고 있다.

코로나 공포로 상권이 위축되어 잘나가던 사장들도 불황으로 비명을 지르고 폐업이 속출하는 현실에서 노도윤 씨는 보란 듯이 강남 노른자 땅에 3개 층 합계 100평(2층, 1층, 지하층) 규모의 대형 카페를 2020년 추석 명절에 오픈했으니 어디서 그린 배짱이 나오는지 놀라울 뿐이다.

그런데 노도윤 씨의 역발상이 먹혀들었다. 오픈한 지 8개월이 지난 2021년 6월 현재까지 노 작가의 아지트는 손님들의 발길이 꾸준하게 이어지고 있다.

노 작가의 아지트는 카페의 분위기부터 남다르다. 한쪽 벽면을 가득 채운 세계 각국의 기념품들이 눈에 들어오는 순간 문화충전소 같은 느낌이 든다.

"세계각국을 다니면서 다양한 지식인들의 소통 공간과 복합문화공간이 필요하다고 생각했습니다."

카페 주인장 세계여행작가 노도윤 씨의 말이다.

카페는 정치, 사상, 종교이념을 초월해서 문화, 예술, 철학, 삶에 대해 다양한 얘기를 나눌 수 있는 문화 공간이다. 노도윤 세계여행가가 중년들을 위한 여행카페를 오픈한 이유다.

노도윤 작가가 세계 각국을 다니면서 하나둘씩 모아둔 여행용품과 여행 기념품들을 카페에 전시했다. 각국의 특색이 담긴 진기한 모습의 기념품들을 감상하다 보면 꼭 현지 여행 중인 착각이 든다.

코로나 여파로 당분간 해외여행은 힘들 듯해서 그동안 다녔던 여행지 추억을 떠올리며 여행을 좋아하는 사람들과 함께하고 싶은 마음에 그만의 특별한 공간을 마련했다.

"여행을 좋아하는 사람들, 여행에 대한 관심과 꿈이 있는 사람들이라면 누구나 함께 하고 싶습니다."

노 작가의 아지트에서는 여행지에서처럼 그 누구든 모두가 친구가 될 수 있다. 코로나로 일상에 지친 사람들, 힘들고, 외롭고, 무료하게 쓸쓸한 나날을 보내는 사람들 모두 환영한다.

노 작가의 아지트에 가면 세계여행가가 타주는 루와 아메리카노 커피와 와인을 마실 수 있다. 세계 150개국을 돌면서 보고 들은 흥미진진한 해외 여행기와 지구촌의 글로벌 성문화 강의도 들을 수 있다.

브런치로 출출한 배를 채울 수도 있고, 이야기 주제가 있으면 이용할 수 있는 세미나, 강의장도 있다. 지하 1층에는 유명 소나무화가의 그림을 상설 전시해서 누구라도 그림을 감상할 수 있다.

방송인, 연예인, 신문기자, 유명인사, 여행 마니아, 일반 시민 등 여행카페를 찾아오는 손님들도 다양하다. 대부분 노도윤 씨가 그동안 쌓아놓은 인맥들이다. 카페를 찾아온 손님이 다시 손님을 끌고 오는 부메랑 현상이 일어나고 있다.

코로나로 최악의 불황에 허덕이는 상황에서도 노 작가의 아지트가 큰 어려움 없이 영업을 이어갈 수 있는 원동력이 바로 그 때문이다.

코로나가 잡히면 노도윤 씨는 다시 세계로 훨훨 날아다닐 것이다. 지구 세 바퀴 반을 돌고 네 번째 세계 일주 도전을 계속 이어나갈 것이다.

WILDS EFFECTER

Want | 미래에 이루고 싶은 꿈이나 목표가 있다면 어떤 것들이 있으신가요?

— 첫째는 건강한 지구를 위한 환경 운동가가 되고 싶다. 두 번째는 재능있는 청소년들에게 세계여행의 기회를 만들어 주고 싶다.

Imagine | 원하는 것이 이루어진 상태를 상상하면 어떤 모습인가요? 무엇이 보이고 들리고 느껴지시나요?

— 내 스스로 큰 보람을 느낄 수 있을 듯하다.

Learn | 미래 성공 모습이 되기 위해 개발할 능력이나 학습하고자 하는 것들은 무엇인가요?

— 나부터 실천하고 노력하며 살고 싶다.

Declare | 꿈과 목표를 이룰 것을 세상에 선언한다면 무엇이라고 말씀하시겠습니까?

— 세계 일주의 꿈을 이루었듯이 꿈은 이루어진다.

Share | 자신의 성장과 성취를 통해 얻은 결실, 배움, 지혜 등을 누구에게 어떤 방식으로 나누거나 기여하고 싶으신가요?

— 어려운 이웃들과 청소년들에게 나누고 싶다.

새벽 2시 하루를 열고 매일 원서
1,000권 읽는 영어, 일어 전문가

문

성

열

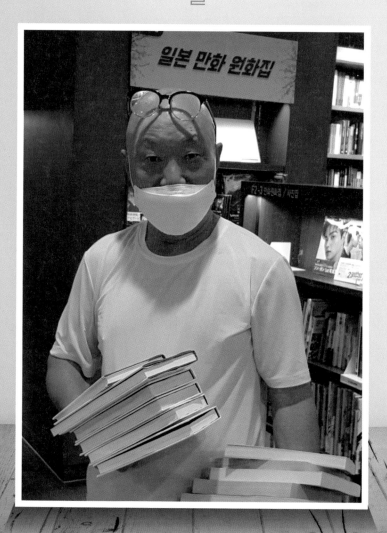

문성열

영어, 일어 비즈니스 코칭 전문가 문성열 원장은 학원 한번 안 다니고 영어와 일본어를 독학으로 집요하게 파고들어 신神의 경지에 올랐다.

원어민도 놀랄 정도로 고급영어를 자유자재로 구사한다. 자신은 고졸 학력이면서도 영어 전공 대학원생을 포함하여 종교, 경제, 경영, 성공학, 방송, 노후대책, 외국어신문 등 누구를 막론하고 희망 분야에 맞춰서 주문식 영어를 가르친다.

학벌을 중시하는 대한민국에서 독학으로만 외국어를 공부한 상고 출신이 영어, 일어의 최고 전문가가 되기까지 흘린 땀과 노력을 생각하니 소름이 끼친다.

그는 군산상고 졸업 후 1971년 중소기업은행에 입사하여 근무하다 76년 한국투자신탁으로 옮겼다. 그때 마침 한국투신에서 미국 연수 희망자를 모집했다. 첫째 조건은 영어를 잘하는 사람.

두말하지 않고 응시했다. 그런데 떨어졌다. 떨어진 이유가 기가 막했다.

"테스트를 하면 내가 1등인데 대졸이 아니라고 보내지 않는 것이었어요. 그런데 5년 연속 영어테스트에서 1등을 했어요. 그제야 다른 직원들도 내 영어 실력을 인정해 주더군요."

그런 우여곡절 끝에 1980년 결국 그는 미국 연수를 가게 된다. LA, 뉴욕, 워싱턴 등 3곳을 돌아다니며 3개월 동안 영어연수를 받았다. 연수를 마치고 고국에 돌아와서 영어에 더욱 매달린다. 외국인 고객이 오면 그가 맡아서 안내하고 처리했다. 사원들도 영어 하면 그를 꼽을 정도로 실력을 인정받았다.

"내가 하는 영어는 돈에 관계되는 쪽으로 특화시켰어요. 경제, 무역, 금융 등 돈에 관계되는 영어만큼은 전문가가 되겠다고 결심하고 이를 악물고 파고들었습니다."

승진시험이 있을 때마다 뛰어난 영어 실력을 업고 가장 선두 주자가 되었다. 미국 연수를 다녀온 지 3년 만에 다시 영국 연수를 2개월 코스로 갔다 왔다. 그때 또 한 번 전환점이 온다.

"영국인들이 일본어를 공부하는 것을 보고 큰 충격을 받았습니다. 순간 이웃 나라 일본어를 공부해야 되겠다고 결심했지요."

36

물론 일본어도 경제 분야를 집중적으로 파고 들어가기로 했다. 영국을 다녀온 이후로 그는 영어와 일본어에 죽어라 매달렸다.

학원은 문 앞에도 가지 않고 독학으로 공부했다. 책, 영어신문, 일본어 신문, 유선방송, 국내 신문 등을 보면서 영어나 일어가 단 한 줄이라도 붙어 있는 것은 모두 섭렵했다.

새벽에 일어나 영국 BBC, 미국 CNN, ABC 등을 시청했다. 일본 NHK 등도 항상 듣고 모니터했다. 특히 경제 뉴스를 철저하게 챙겼고, 국내에 미치는 영향 등을 면밀히 체크했다. 그 습관이 지금까지 이어지고 있다. 고등학교 출신도 얼마든지 외국어를 잘할 수 있다는 희망을 다른 사람들에게 심어주고 싶었다.

1996년 투자신탁에서 국내 금융기관 중 처음으로 명예퇴직제도를 도입했다. 망설임 없이 신청하여 투자신탁 명퇴 1호 주인공이 되었다. 금융권 명예퇴직 이후 25년간 외국어 공부에 매진하여 학력의 벽을 실력으로 뛰어넘었다.

상상을 초월하는 노력을 해야 성공의 열매를 딸 수 있다는 각오로 매일 새벽 2시에 일어나 가장 머리가 맑은 시간을 금쪽같이 활용했다.

원서 읽기도 게을리하지 않았다. 믿을 건 오직 실력뿐이라며 20년을 죽기 살기로 한 우물만 파고든 집념과 노력이 영어, 일어의 달인으로 우뚝 선 그의 성공철학이다.

문성열 원장은 영어와 일본어가 돈이고 세상 돌아가는 모든 정보와 지식의 원천이라고 단언한다. 문성열 원장이 영어와 일어에 인생을 '올인'해온 이유가 명확하다.

한국 사람들은 돈MONEY을 쓴다고 말한다. 그러면 말이 씨가 된다. 돈이 빠져나가기만 하고 들어오지는 않는다. 그건 아니다. 잘못됐다.

영어는 돈을 순환circulate시킨다고 표현한다. 돈이 수중에서 완전히 빠져나가는 차원이 아니라 돌고 돌아 언젠가는 다시 돌아온다는 의미를 뜻한다.

미국이 왜 세계 최강국이고 미국 사람들의 뇌 구조가 어떤지 알기 위해서는 영어를 배워야 한다. '영어의 신' 문성열 원장이 강조하는 말이다.

문성열 원장은 서울을 찾은 낯선 외국인에게 호의로 건넨 외국어 한마디가 맺어준 일본식품회사 회장 부부와의 특별한 인연도 들려주었다.

몇 년 전 문성열 원장이 교보문고에서 갓 구입한 신간 일본 서적을 한 아름 들고 나오던 중에 갑자기 비가 쏟아졌다.

문성열 원장의 곁에 일본인 노부부가 있었다. 보아하니 프라자호텔을 찾는 눈치였다. 문성열 원장이 일본인 부부에게 일본어로 정중하게 말했다.

"비가 그치면 제가 모셔다 드리겠습니다."

일본인 부부는 일본어 서적을 한 아름 들고 있는 문성열 원장을 보고 관심을 보였다. 비가 그치고 나서 문성열 원장은 일본인 부부를 프라자호텔에 모셔다주었다.

일본인 부부는 고맙다는 말과 함께 일본에 오게 되면 꼭 연락을 달라면서 문성열 원장에게 연락처를 건네주었다.

그리고 시간이 지나서 문성열 원장이 일본에 갈 기회가 있었다. 미리 연락을 해놓고 나서 동경 나리타 공항에 도착하자 놀라운 일이 벌어졌다.

일본에 7대밖에 없는 최고급 리무진을 그때 그 일본인 회장이 직접 몰고 왔다. 조수석에는 부인이 타고 있었다.

작은 친절이 이토록 큰 부메랑 효과로 돌아온 것이다. 일본인 회장 부부는 직접 차를 몰고 문성열 원장을 모시고 다니면서 10일 동안 일본 전역을 관광시켜주었다. 초호화 호텔에 최고급 식사로 칙사 대접을 받았음은 물론이다. 이게 바로 외국어의 힘이다.

영어, 일어 최고의 달인은 현실에 안주하지 않고 지금도 노력을 계속하고 있다. 문성열 원장의 하루 일과는 새벽 2시에 시작된다. 독서도 광적으로 좋아한다. 하루에 1,000권 이상의 책을 읽는다. 모두 영어, 일어 전문서적이다.

매달 50만 원~100만 원어치의 자기계발 신간 원서(영어, 일본어)를 구입해서 최신의 미, 일 소식을 바로바로 습득하고 업데이트한다. 20년째 그렇게 해오고 있다.

그의 독서법도 남다르다. 한 권을 읽는데 1분도 안 걸린다. 비결은 바로 한 권에 한 줄 읽기다. 손에 잡히는 책을 '주루룩' 넘기다가 눈에 확 들어오는 문장을 읽고 책장을 덮는다. 그리고 나서 다른 책을 잡는다. 그런 식으로 하루 종일 책을 접하다 보니 매일 1,000권 독서가 가능하다.

그는 자신이 보유한 영어, 일어 전문서적 4만 권을 많은 사람들과 공유하고 싶어한다. 후원자가 나타나서 그가 꿈꾸는 리딩센터가 현실로 이루어지는 날이 오기를 기대해본다.

WILDS EFFECTER

Want | 미래에 이루고 싶은 꿈이나 목표가 있다면 어떤 것들이 있으신가요?

— *Reading center. 영어와 일본책을 누구나 와서 읽을 수 있는 센터 건립.*

Imagine | 원하는 것이 이루어진 상태를 상상하면 어떤 모습인가요? 무엇이 보이고 들리고 느껴지시나요?

— *Strong motivation and life-long learning anything is possible if you have passion.*

Learn | 미래 성공 모습이 되기 위해 개발할 능력이나 학습하고자 하는 것들은 무엇인가요?

— *매일 새벽 2시에 아침을 열고 매일 1,000권의 원서를 읽는다. 매일 CNN, NHK 방송을 청취한다. 한 달 평균 50만 원~100만 원어치 영어, 일어 원서를 신규 구입한다.*

Declare | 꿈과 목표를 이룰 것을 세상에 선언한다면 무엇이라고 말씀하시겠습니까?

— *나 문성열은 학력, 학벌을 믿지 않는다. 믿을 건 오직 실력뿐이다. 피나는 노력과 독학으로 영어, 일본어 최고 실력자의 자리에 올랐다.*

Share | 자신의 성장과 성취를 통해 얻은 결실, 배움, 지혜 등을 누구에게 어떤 방식으로 나누거나 기여하고 싶으신가요?

— *개인 소장하고 있는 영어, 일본어 전문서적 4만 권을 많은 사람과 공유하고 싶다.*

11년 연속 자동차 판매왕
쉐보레 동서울대리점 대표의 끝없는 도전

박
노
진

박노진

　서울 광진구 지하철 군자역 인근에 위치한 한국GM 쉐보레 동서울 대리점 박노진 대표는 자동차 영업계의 살아있는 신화다.

　11년 연속 전국 자동차 판매왕, 최초의 고졸 영업사원 출신 임원, 자동차 총판매 5,000대 돌파. 1979년 대우자동차(현 한국GM)에 입사하여 자동차 영업 '한 우물'을 파오면서 세운 그의 기록이다.

　신뢰와 끈기를 무기로 2만여 명의 단골손님을 확보하고 자동차 영업의 무한한 가능성을 보여준 그는 지금도 소개를 통해서 만나는 고객보다 스스로 발굴해서 만나는 고객이 더 소중하다는 소신이 있다.

　신규 고객 발굴도 중요하지만 기존에 출고했던 고객을 만족시켜 주변에 소개를 받는 방법이 더 중요하다고 믿는다. 그의 영업 철학은 콩나물시루와 좌우지간론이다. 좌우지간 만나서 거절당하면 또 만나고 설득하기를 반복한다.

　거절은 콩나물을 키우는 물과 같아서 물이 다 밑으로 빠져도 콩나물이 자라듯이 거절을 당하면 남는 게 없어 보이지만 오히려 그 안에서 계약이 이루어진다는 논리다.

1~2번 거절당하면 3~번째는 다른 대안을 준비했을 때 의외로 계약이 성사되는 경우가 많았다. 한 집에서 거절당하면 두 집을 더 가보자고 스스로 결심하고 더 열심히 뛴다.

박노진 대표는 1970년대 실업계인 명문 덕수상고를 졸업하고 1979년 대우자동차(현 한국GM)에 회계직으로 입사했다.

입사 1년 만에 영업직으로 부서를 옮겨 달라고 자원하여 자동차 영업을 시작했다. 노력한 만큼 번다는 매력이 그의 심장을 뛰게 했다. 1997년부터 2008년까지 11년 연속 대우자동차 전국 판매왕을 차지했다.

"특별한 왕도나 노하우는 없고 한 가지 일에 꾸준히 몰입했을 때 좋은 결과가 나오는 것 같아요."

빵빵한 집안과 화려한 인맥을 가지고는 반짝 판매왕은 가능할지 모르지만 꾸준히 이어가기는 힘들다. 설령 한두 해 판매왕에 오른다 해도 환상에 젖어서 계속 이어가지 못하고 스스로 무너지는 경우가 많아 끊임없이 마음을 다잡고 자기 자신을 채찍질해야 한다.

그의 판매 전략은 대기업이 아니고 중소기업이나 개인 고객을 중심으로 영업을 했다. 신나게 정신없이 팔다 보면 실적이 오르는 자체가 좋았다. 한 달에 자동차를 57대까지 팔아보았다. 대한민국 경제가 와장창 무너져 내린 1997년 IMF 때도 판매왕을 했다.

아무리 극심한 불황이 닥쳐도 잘되는 업종이 생기고 수요는 있기 마련이다. 그쪽을 찾아서 영업 전략을 세웠다. 대신 발품을 더 많이 팔아야 할 뿐이다. 불황이 심할수록 자동차 판매는 발뒤꿈치에서 나온다. 그의 경험에서 터득한 노하우다.

2008년 대우자판이 GM대우와 결별하면서 100% 대리점 체제로 바뀌는 바람에 그의 판매왕 기록도 거기서 멈췄다.

2010년 7월 서울 광진구 군자동에 한국GM 동서울 대리점을 개설하고 대표로 있으면서도 2만여 명의 단골손님 관리 차원에서 꾸준히 영업해오고 있다.

자동차 영업 분야에서 타의 추종을 불허한 실력을 대리점 대표로서도 유감없이 발휘했다. 2010년 대리점 운영을 시작한 이후 이듬해인 2011년 동서울 대리점은 모두 741대의 차를 팔아 서울 지역 우수대리점으로 선정되는 영광을 안았다.

2012년에도 721대를 팔아 목표를 달성했고 2018년도에는 동서울대리점이 그랜드 마스터상을 수상했다

대리점 개설 이후 관리와 영업을 동시에 하면서 그는 더욱 바빠졌다. 짬짬이 해왔던 방송국 출연 및 대학 특강은 대리점 개설 이후 영업에 지장이 없는 한도 내에서 주로 야간을 이용하여 해결했다.

세상에는 공짜 고생도 없고 공짜 희생도 없다. 시기가 문제일 뿐 대가는 반드시 온다. 너무 조급증을 가지고 빨리 많이 얻으려다 보면 좌절감에 빠지기 쉽다. 어느 분야든지 자기가 가야 할 목표를 잡고 꾸준히 그쪽으로 몰입하면 성공 가능성은 그만큼 커진다.

영업의 달인으로 우뚝 선 그 역시 출발은 평범한 영업 사원 중의 한명에 지나지 않을 정도로 존재감이 없었다. 입사 이후 10년간을 평균 실적밖에 올리지 못했다. 10년이 나면서 서서히 상승곡선을 그리더니

1997년 IMF가 터지던 해 전국 최우수 판매왕에 올랐다.

영업 17년 만에 정상에 오른 원동력은 다름 아닌 성실과 신뢰로 죽으나 사나 한 가지 일에 매달려 일궈낸 꾸준함의 승리다. 그가 만약 중간에 포기하고 경쟁사로 옮겼거나 회사를 떠났다면 판매왕은 이루지 못했을 꿈이다.

"롱런이 성공의 노하우라고 생각합니다. 꾸준히 10년 정도 지나야 도가 트인다고 보거든요. 제가 많이 팔 수 있었던 비결은 제 고객님들이 저를 믿어주셨기 때문입니다.

박노진 대표는 잠재 고객을 설득하는 노하우는 꾸준히 실천하고 시승 위주의 영업 방식을 고수하는 데 있다고 한다. 품질에 자신이 있기 때문이다.

"사람은 장단점이 있죠. 장점을 승화시키면 못 이룰 것이 없다고 봅니다. 장점을 승화시키니까 즐기잖아요. 즐기다 보면 얼굴에 웃음이 많죠. 그러다 보면 일이 이루어지더라고요."

자동차 판매를 해오면서 겪은 '에피소드'도 많다. 친인척도 아니면서 그를 신뢰하고 차를 구매한 고객이 사돈집까지 소개해 준 경우도 있다.

"아들딸은 물론이고 온 가족이 저를 통해서 제품을 구매하시는 그분들이야말로 저한테는 굉장히 귀중한 골드 고객이죠."

전혀 모르는 사람이 무한신뢰로 고객 만족을 가졌을 때 차(車)자만 나오면 무조건 박노진한테 연결해주는 기적은 그렇게 이루어졌다.

"저 역시 고객 관리하면서 실패도 많아요. 똑같은 실수를 피하기 위해 한 달에 한 번씩 신선도 점검을 합니다."

그가 고객들에게 자동차 견적을 내놓고도 성사를 못 시켜 다른 영업사원에게 계약이 넘어간 고객리스트는 다음 달 10일 전에 A4용지 몇장 뽑아 다시 찾아가서 계약 불발 이유를 물어본다. 그러면 약속 시간을 5분 어겼다는 등 나름대로 계약하지 못한 이유가 있다. 그러면 계약 실패 원인을 분석해서 다음부터는 같은 실수를 절대 하지 말자는 다짐을 한다.

모든 실패 원인을 그런 식으로 찾아내 꾸준히 개선해나가다 보면 다음부터는 실수도 덜하게 된다. 그 나름대로 하는 영업의 신선도 점검은 이토록 철저하고 치밀하다.

그는 자동차 영업의 전설로 통한다. 대우자동차 영업사원 중 최초로 영업부장, 영업이사를 거쳐서 영업상무에 오른 입지전적 인물이다.

약점으로 보일 법한 내성적이고 세심하며 꼼꼼한 성격이 되레 취향이 다양하고 까다로운 고객들의 사소하고 가려운 부분까지 세심하게 챙기는 플러스 요인으로 작용했다.

그는 지금도 본업인 영업에 충실하려고 노력한다. 1%의 가능성만 있어도 도전한다. 그러면 1%의 가능성이 100%로 오는 경우가 많다. 미리 포기하지만 않으면 언제나 성공의 길은 열려 있음을 발로 뛰면서 확인한다.

"물은 100도가 돼야 끓지요. 그런데 후배들은 90도까지만 노력을 하는 것 같아요. 조금만 더 노력하면 100도가 되어 물이 끓는데 그걸 못 참고 포기하는 경우가 많더라고요."

사람들은 환경, 주변, 학력을 탓하지만 자기가 생각했던 한 가지 직업을 택하여 꾸준히 노력하면 불가능은 없다고 생각한다. 천재는 노력하는 자를 이길 수 없다. 노력하는 사람은 즐기는 사람을 당해낼 수 없다. 그가 살아가는 삶의 방식이다.

2020년 1월 코로나가 지구촌을 덮친 이후 우리는 인류가 한 번도 경험하지 못한 세상을 살고 있다. 세계 경제는 무너졌고 2년째 심각한 불황에서 벗어나지 못하고 있다.

박노진 대표도 지난해 최대 위기를 맞았다. 코로나19 여파로 쉐보레 동서울대리점은 판매가 크게 줄었다. 비대면 사회 분위기가 확산되면서 영업장을 찾는 고객의 발길이 끊겨 자동차를 팔 기회가 사라졌다.

소형 SUV 트레일블레이저와 차박인들이 선호하는 대형 SUV 트래버스가 꾸준하게 팔리고 있지만 영업적자를 메우기엔 역부족이다. 상황이 어려울수록 더 열심히 노력하고 발로 뛰는 수밖에 없다.

화려했던 옛 영광은 이미 흘러간 과거일 뿐이다. 지금 발등에 떨어진 불을 꺼야 하는 현재가 중요하다. 11년 연속 자동차 판매왕의 주인공 박노진 쉐보레 동서울대리점 대표의 뼈있는 일침이다.

박노진 대표는 사원들과 함께 대리점 인근 주택가와 전철역 주변에서 전단지를 돌리고 관리고객의 생일 등 기념일에 축하 문자를 보내는 등 판매 부진 탈출을 위해 백방으로 노력하고 있다. 4050 세대를 겨냥한 대면 판매와 2030 인터넷 세대의 온라인 판매 전략을 병행하고 있다.

가족 단위 특히 가정 경제권을 쥐고 있는 주부를 공략하기 위한 홍보와 쉐보레 브랜드 알리기에도 적극적이다. 선거철에 쉐보레 동서울 전시장을 투표소로 제공하는 등 잠재 고객인 주민들과 한 발짝이라도 더 가까이 가려고 노력한다.

고객에게 신뢰를 주기 위한 사후관리 노력도 필수다. 현재 쉽지 않은 상황이지만 박 대표는 좋은 날이 올 것이라 굳게 믿는다.

"자기 일에 몰입하고 미쳤을 때 신들렸다고 하죠. 전 그 말을 믿습니다. 역사의 인물을 보더라도 위대한 사람들은 자기 일에 미쳤잖아요. 에디슨은 전기에 미치고, 파블로는 곤충에 미쳤듯이 누구라도 자기 일에 미쳐서 노력하면 이루지 못할 일이 없다고 봅니다."

생각해보면 세상은 언제나 위기와 기회가 공존했다. 오르막이 있으면 반드시 내리막이 있었다. 지금은 코로나로 위기에 놓여 있지만 코로나는 곧 물러날 것이다. 박노진 대표는 그날이 올 때까지 두 배 세 배 더 열심히 뛰고 있다.

"오래 꾸준히 열심히 해라. 그러면 성공은 의외로 가까이 있다."

성실과 정성을 무기로 자동차 영업의 무한한 가능성을 보여준 박노진 대표의 도전은 지금도 계속되고 있다.

WILDS EFFECTER

Want | 미래에 이루고 싶은 꿈이나 목표가 있다면 어떤 것들이 있으신가요?

— 현재 하는 자동차 판매를 꾸준히 잘하는 것.

Imagine | 원하는 것이 이루어진 상태를 상상하면 어떤 모습인가요? 무엇이 보이고 들리고 느껴지시나요?

— 더 실적을 올리는 것, 자기 자신이 자랑스럽게 보이고 더 열심히 하면 더 잘된다는 확신이 든다.

Learn | 미래 성공 모습이 되기 위해 개발할 능력이나 학습하고자 하는 것들은 무엇인가요?

— 더 부지런히 활동량을 배가시키는 일.

Declare | 꿈과 목표를 이룰 것을 세상에 선언한다면 무엇이라고 말씀하시겠습니까?

— 내가 하는 일에 늘 최고가 되는 것.

Share | 자신의 성장과 성취를 통해 얻은 결실, 배움, 지혜 등을 누구에게 어떤 방식으로 나누거나 기여하고 싶으신가요?

— 영업이 힘들거나 어렵다고 하는 사람에게, 영업을 즐기면 효과가 배가 된다는 사실과, 하는 일을 즐기라고 하고 싶다.

세계에서 주먹이 가장 빠른 무술인

박 우 용

세계에서 주먹이 가장 빠르고 고층아파트 계단을 엘리베이터보다 더 빨리 뛰어오르는 사나이가 있다. 회오리바람처럼 순식간에 주변을 쓸어버린다는 '회오리박' 박우용 무술인이 그 주인공이다.

박우용 무술인은 권법동작 시범, 손끝으로 파인애플 찔러서 즉석 생과일주스 만들기, 호두 300개 1분에 손바닥으로 깨기 등 수많은 묘기를 선보이며 자기만의 독특한 무술 개발, 수련에 평생을 매달려 왔다.

그가 하면 뭐든지 최고기록이 된다.

설악산 오색약수에서 대청봉 정상까지 53분 만에 뛰어올랐다. 63빌딩 계단을 7분 32초에 주파하고, 무역센터 꼭대기 층까지 5분 56초에 완주했다. 그리고 한 발로 송판 한 장씩 격파해서 1초에 5장을 격파했다. 이 또한 세계기록이다.

TV에 출연해서 7cm 두께 얼음판 7장을 팔꿈치로 한 번에 격파하는 장면을 보여주기도 했다. 아파트 1층에서 15층을 눌러놓고 뛰어 올라가면 그가 엘리베이터보다 더 빠르거나 비슷하다. 팔굽혀펴기도 1분에 180번을 한다.

야구 배트 2개를 이마로 한 방에 격파하고, 100원짜리 동전으로 맥주캔 10개를 한 개씩 맞춰서 15초 안에 백발백중 관통시킨다.

바늘을 던져서 맥주캔을 뚫어버리는 정도는 식은 죽 먹기다. 기술을 더 업그레이드하여 나무젓가락을 던져 맥주캔을 관통하는 '신공'을 펼친다. 나무젓가락 한 개도 그의 손에 들어가면 무시무시한 무기가 될 수 있다는 사실에 소름이 끼친다. 한때 그는 무술 영화에 출연하기도 했다.

10대 때 고향 집에서 모래주머니를 매달아 놓고 발차기 연습을 몇 번만 하면 자루가 터져 버릴 정도로 파괴력을 키웠다.

무술 연마와 도전을 취미처럼 즐기는 박우용 무술인은 줄넘기도 빠르기가 번개 같다. 그의 줄넘기 평소 실력은 30초에 200회 이상으로 아직 공인 기록이 아니지만 세계 기네스 기록감이다.

그는 세계에서 주먹이 가장 빠른 사나이다. 주먹이 빠르기로 유명한 세계 프로권투챔피언이 1초에 7번 주먹이 나간다. 그는 이보다 더 빨라 10회까지 가능하다. 세계 기네스 기록을 공인받기 위해서 그는 현재 주먹 빨리 뻗기 위한 최상의 근육 만들기에 나섰다.

순간적으로 스피드를 내니까 온몸에 기가 집중하여 1분만 시범을 보여도 온몸에 땀이 비 오듯 쏟아질 정도로 체력 소모가 엄청나다.

키 168cm에 57kg 체중을 40년째 계속 유지하고 있다. 허리 사이즈 28인치로 왜소한 편이다. 그런데도 발, 이마, 주먹의 파괴력은 무시무시하다.

그의 무술 연마는 초등학교 시절로 거슬러 올라간다. 자신의 집 과수원 나무에 달린 사과를 목표물로 발차기를 했다. 초등학교 5학년 때 같은 반 남자친구 30명을 발차기로 상대하여 이긴 일도 있다.

중학교 1학년 때 태권도 체육관에 다니다가 나와서 지금까지 자기 방식대로 종합무술을 연구하고 있다. 무술 연마 기간을 모두 합치면 50년이 넘는다.

그렇게 연마한 기술이 바로 그가 개발한 회오리 권법이다. 회오리바람같이 순간적으로 쓸어버린다는 의미로 산에서 혼자서 연습했다.

중학교 2학년 때는 축지법과 장풍을 터득하겠다며 계룡산 동굴에서 한 달쯤 있다가 나왔다. 빈손으로 산에 들어가 생식으로 약초, 솔잎을 먹고 운동에 전념하다 부모님이 걱정할까 봐 집에 돌아왔다.

덩치가 작다고 그를 얕보았다간 속된 말로 뼈도 못 추린다. 중학교 2학년 때 계룡산 가는 길에 시비를 걸어오는 동네 건달 두 명을 순식간에 때려눕힌 경험도 있다.

원래 산악 마라톤을 했다. 어느 날 우연히 일간스포츠 신문을 보다가 국제 설악산 산악 마라톤 기사를 보았다. 그 내용을 보는 순간 망설임 없이 첫 도전을 했다.

1995년도 9월 11일 오색 약수터~대청봉~비선대~뉴설악 관광호텔이 골인 지점이었다. 출발 초반부터 선두를 유지하면서 1위로 골인했다. 세계 13개국 1,054명이 참여한 국제대회에 연습도 없이 무작정 참여하여 1등을 했으니 대단한 실력이다.

오색약수에서 대청봉을 거쳐 19km를 2시간 16분 55초에 내려왔다.

건장한 등산객들이 보통 4시간 코스인 오색 약수터에서 대청봉까지 그는 단 54분에 주파했다.

2020년 8월 15일 박우용 무술인은 시민들이 지켜보는 야외에서 손바닥으로 호두 깨기 시범을 선보였다. 이날 서울 잠실아시아공원에서 열린 8.15 광복기념 세계기록인증 챌린지에서 그는 1분에 호두 300개 손으로 깨기에 도전에 성공하여 또 하나의 기록을 추가하였다.

19~20살 때 격투기로 세계 최고가 되고 싶었다. 체력 단련을 위해 아침마다 5km를 13분에 뛰었다. 아쉽게도 당시 격투기가 요즘처럼 활성화가 안 돼 꿈을 이루지 못했다.

그는 뛰어난 무술 실력을 활용하여 개인 보디가드 일을 많이 하고 있다. 언제 터질지 모르는 예측불허의 돌발 상황에도 내공에서 품어져 나오는 순발력과 스피드로 안전하게 대처할 수 있다.

그의 발차기 파괴력은 상상을 초월한다. 돌려차기 한 방으로 기왓장 70~80장을 격파한다. 허리 사이즈 27의 호리호리하고 왜소한 저 체격에서 저토록 무시무시한 괴력이 나오기까지 얼마나 많은 피와 땀을 쏟았을까? 스피드와 정확도, 파괴력의 완벽한 조화에 내공의 힘까지 가미되어야 가능한 일이다.

"한눈팔지 않고 평생 운동만 전념했습니다. 한참 때는 발이고 손이고 너무 빨라서 제가 공격하면 아무도 방어를 못 했어요. 도전은 앞으로도 계속할 생각입니다."

남들이 보면 무모하다 싶을 정도로 그는 왜 무술 연마에 목숨을 거는 걸까?

"큰 목표가 아니더라도 한 가지 목표를 세우고 노력하여 도전을 이루었을 때는 뿌듯한 성취감을 느낍니다."

물속에서 숨 오래 참기 또한 그는 인간의 한계를 이미 넘어섰다. 무협지 고수처럼 물속에서 싸운다면 이겨야 한다는 생각에 끊임없는 연습으로 이룬 결과다.

"집에서 물속에 머리 처박고 연습을 해왔습니다. 물속에서 최고기록이 5분 30초까지 버텨 보았습니다."

언제 어느 때나 준비 동작 전혀 없이 무방비 상태에서 잠수해도 2분 30초에서 3분 정도는 숨 안 쉬고 버틸 수 있다니 1분도 버티기 힘든 우리와는 차원이 다른 사람으로 보인다.

어떤 도전이라도 그가 한 달만 마음 독하게 먹고 연습하면 새 기록이 나온다. 관악산에 가면 그만의 전천후 아지트(개인수련장)가 있다. 주변 지형지물을 이용해서 무술을 단련한다.

그가 사는 집이 바로 관악산 아래에 있다. 서울 관악구 한동네에서 눌러살고 있는 이유는 오직 하나, 공기 좋고 산수 좋은 관악산 정기를 마시며 무술 연구에 전념하기 위해서다.

그가 요즘 도전하는 종목은 손가락으로 찔러서 맥주캔 뚫기다. 그가 왼손으로 맥주캔을 잡고 오른쪽 손가락으로 내리 찌르자 캔 안에 들어

있던 맥주가 하얀 물줄기를 일으키며 캔 밖으로 쏟아져 나온다.

　그의 도전은 끝이 없다. 끊임없이 새로운 무술을 개발하고 모든 도전을 이루는 순간 더 높은 도전에 나선다.

WILDS EFFECTER

Want | 미래에 이루고 싶은 꿈이나 목표가 있다면 어떤 것들이 있으신가요?

— 격투기 세계 최고령 챔피언이 현재 꿈이고 목표입니다. 준비 잘하고 있으므로 시기가 되면 곧 도전 하겠습니다.

Imagine | 원하는 것이 이루어진 상태를 상상하면 어떤 모습인가요? 무엇이 보이고 들리고 느껴 지시나요?

— 어릴 적부터 무술에 전념했는데, 젊은 시절에는 기회를 잡지 못하고 세월만 흘려보냈습니다. 뜻을 이룬다면 더 큰 용기와 힘이 생길 것 같으므로 또 다른 새로운 기록에 도전할 것입니다.

Learn | 미래 성공 모습이 되기 위해 개발할 능력이나 학습하고자 하는 것들은 무엇인가요?

— 세계에서 가장 강한 실전 무술을 개발한 무술이 회오리권법입니다. 이마와 손끝 등 신체 각 부위를 강하게 단련하여 내공의 힘과 스피드로 순간적인 파괴력을 낼 수 있는 무술입니다.

Declare | 꿈과 목표를 이룰 것을 세상에 선언한다면 무엇이라고 말씀하시겠습니까?

— 무엇이든 뜻하는 바가 있으면 열정을 가지고 도전한다면 못 이룰 게 없다고 생각합니다. 심장이 뛰 는 한 현재 무술을 더 강하게 발전시켜서 세상에 알리고 싶습니다.

Share | 자신의 성장과 성취를 통해 얻은 결실, 배움, 지혜 등을 누구에게 어떤 방식으로 나누거나 기여하고 싶으신가요?

— 오랜 무술수련을 통해 만들어진 내공에 파괴력과 실전에 강한 회오리권법은 몸 건강에도 큰 도움을 줄 수 있으니 많은 사람에게 전해주고 싶은 마음입니다.

700만 곡 음원 보유한 싱어송 라이터 가수
청하연미디어 회장

오 준 영

오준영

 음원기업 청하연미디어 오준영 회장은 싱어송 라이터 가수이자 음원 수집가로 동서양을 망라한 '원석' 같은 음원을 700만 곡이나 보유한 진기록의 주인공이다.

 개인, 기관, 단체 심지어 국가가 나서도 쉽지 않은 '넘사벽' 보유량으로 단연 세계 기네스감이다.

 4월과 오월의 멤버로 활동했던 가수이자 음악프로듀서, 영화음악 작곡가, 음원콜렉터로 활동해온 1인다역의 '멀티 뮤지션'이다.

 "한국 최초의 가수가 누구인 줄 아십니까? 1919년 6월 사의찬미를 부른 윤심덕입니다. 남자가수 김개똥의 노래를 어디에서 듣겠습니까? 제가 음악을 하니까 최소한 선배 뮤지션들이 무슨 음악을 했는지 알아야 하지 않겠나 싶어서 음원을 수집해왔습니다."

 작곡가 김희갑의 '그 겨울의 찻집'을 부른 가수는 자그마치 171명이다. 그중에 저작권협회 승인을 받은 곡은 21곡뿐이다. 나머지 150곡은 협회 미등록으로 정확한 파악조차 불가능하다. 부끄러운 우리 음악계의 자화상이다.

오준영 회장이 보유한 700만 곡의 시장가치를 돈으로 환산하면 얼마나 될까? 주인 마음대로 부르는 게 값일 수 있겠지만 그가 전해들은 음원사업추진과정에서 제3사업자에 의해 2,000억 원대라는 수치가 거론되었다니 그쯤 되지 않겠느냐고 에둘러 말한다.

상상을 뛰어넘는 초대박의 주인공과 마주앉아 있다는 생각에 덩달아 가슴이 뛰면서 갑자기 머릿속이 복잡해진다.

보유한 음원 중에서 가요가 140만 곡이고 팝송이 550만 곡이다. 그밖에 종교음악이 10만 곡이다. 여러 곡을 분리하지 않고 한 번 듣는데 1시간이 넘는 합본도 1,000곡이 넘는다. 해방 이전 노래도 300곡에 달한다. 평생을 뮤지션으로 살아온 그조차 작사, 작곡, 가수 이름을 모르는 곡도 수두룩하다.

그 많은 음원 수집에 '올인'한 역사(?)가 길다. 처음에는 음악이 좋아서 취미 반 호기심 반으로 모으기 시작했다. 19세부터 지금까지 음원 수집에 들어간 돈만도 10억 원이 넘는다고 털어놓는다.

한 분야에 단단히 미치지 않고서는 불가능한 일이다. 한없이 마음씨 좋고 구수해 보이는 첫 인상의 이면裏面에 장인의 집념과 열정으로 똘똘 뭉친 독기가 느껴진다.

대학을 3번이나 옮겨 다닌 끝에 겨우 졸업했다는 말을 듣고 다시 한 번 놀랐다. 고등학교를 졸업하고 외국어대에 들어갔다가 경희대를 거쳐 졸업은 명지대(행정학과)에서 했다.

외국어대 신입생 시절 들불처럼 번지던 민주화 운동 시위대 선봉에 떠밀리다시피 나섰다가 그의 얼굴이 현장 사진으로 찍혀 1학년도 못 마치고 제적을 당하는 바람에 이 대학 저 대학 옮겨 다니는 계기가 되었다.

방랑시인 김삿갓처럼 떠돌이 신세로 대학 생활을 하면서도 음원 수집은 계속해왔다. 1919년대 곡부터 수집해오고 있는 그는 지금도 계속 진행 중이다. 최신 걸그룹 아이돌가수 곡들도 당연히 수집한다. 요즘에는 자녀들도 아빠인 그가 하는 일을 많이 도와준다.

국내 최초 악단인 조선빅타연주단곡, 국내 최초 합창단인 조선여성 합창단 곡도 갖고 있다. 보유한 곡이 워낙 많고 방대하다 보니 음악을 들으며 이를 분류하고 데이터베이스DB화 하는 작업도 만만치가 않다.

그는 싱어송라이터 가수로도 꾸준히 활동해왔다. 오란C CM 송으로 많이 알려진 '고엽'과 하얀 면사포 작곡, 시골길 작사작곡, 초연 작곡 등 20여 곡의 히트곡이 그의 작품이다.

덕분에 그는 평생 밥은 굶지 않을 정도의 저작권료가 매달 꼬박꼬박 통장으로 들어온다면서 너털웃음을 짓는다.

한때 4월과 5월의 멤버로 활동하면서 '당신에게서 꽃내음이 나네요'로 시작하는 히트곡 '장미'를 불렀다. 그리고 90여 편의 영화음악을 작곡했고 2014년 대종상 영화음악제에서 영화음악 공로상을 받기도 했다.

2016년부터는 표화영, 정동기와 손잡고 물맑은 양평에서 헌터스라는 트리오를 결성하여 자선공연 등 가수활동을 해오고 있다.

가수를 꿈꾸는 유망주를 발굴하고 키우는 일에도 열정을 쏟고 있다. 한국에서 활동하는 중국 흑룡강성 하얼빈 출신 가수 김빙金氷도 오준영 씨가 데뷔시켰다. 김빙은 한국에 와서 가요제에 참가하여 당당히 대상으로 실력을 인정받았다.

어디로 가야 하나 어디로 가나~ 실안개 피는 언덕 넘어 흔적도 없이 ~ 어디로 가야 하나 어디로 가나~ 밤은 깊고 설움 짙어 달빛도 무거운데~ 가다 보면 잊을까 넘다 보면 잊을까~ 인생 고개 넘어넘어 가다 보면 잊을까.

김빙의 데뷔앨범 타이틀곡 '어디로 가야 하나'다. 이 노래 역시 오준영 씨가 작사작곡했다. 김빙의 데뷔 음반에 실린 4곡 모두 오준영 씨가 작사한 곡이다.

김빙은 중국 연변대학을 졸업하고 2014년 한국에 와서 가수의 꿈을 키워나가고 있던 중에 오준영 회장을 만났다. 오준영 회장이 김빙의 음악적 재능을 알아본 것이다.

오준영 회장의 헌신적 지원 속에 김빙은 한국어판 '어디로 가야 하나'와 중국어판 '연정'戀情을 타이틀곡으로 한중韓中 동시 음반을 발표했다.

"김빙의 노래에는 눈물이 있다. 그리고 수많은 세월이 있다. 창법은 우리 가락을 공부한 사람이라 그런지 트롯과 민요의 오묘한 조화를 이

루며 또 다른 한이 보이는 노래다. 김빙의 노래에서 조선시대 여인의
한을 느낀다."

오준영 음악가의 김빙 노래에 대한 평이다. 오준영 회장은 김빙을
한중 글로벌 가수로 키우기 위해 많은 공력을 쏟고 있다.

오준영 뮤지션은 음원기업 청하연미디어 회장으로 음원서비스시장
에도 뛰어들었다. 청하연미디어가 보유한 음원저작물 560만 곡의 스
트리밍사업을 인증받고 2019년 2월 14일 사단법인 한국음악저작권협
회와 음원저작물 사용계약을 체결하고 3개월 이후부터 정식서비스를
시작했다.

청하연미디어 독점 판매기업인 (주)ARS의 음원 스트리밍 플랫폼을
통해 글로벌 음원서비스를 진행하고 있다.

명함크기의 NFC 음악접속카드 한 장이면 언제 어디서도 쉽게 원하
는 음악을 들을 수 있으며 간편설치, 간편인증, 간편결제가 동시에 이
루어질 수 있다.

"청하연미디어는 원곡기준 세계 최다 음원 DB를 보유하고 있으며
글로벌 스트리밍 서비스에 필요한 방대한 데이터와 각종 특허기술 등
제반 인프라를 갖추고 있습니다."

오준영 회장은 바로 그 원천기술을 노하우로 전 세계에 스트리밍 사
업이 가능해졌다면서 ARS 기술개발로 기존 신용카드에도 들어갈 수

있게 스트리밍 전략을 한 차원 끌어올렸다고 자부한다.

내가 놀던 정든 시골길~ 소달구지 덜컹대던 길~ 시냇물이 흘러내리던~ 시골길은 마음의 고향~~ 눈이 오나 바람 불어도~ 포근하게 나를 감싸는~ 나 어릴 때 친구 손잡고~ 노래하며 걷던 시골길~~ 아~ 지금도 ~ 아~ 생각나~

오준영 씨가 작사 작곡하고 가수 임성훈 씨가 불러 크게 히트한 노래 시골길이다. 가사를 흥얼거리기만 해도 시골길은 이미 마음의 고향으로 다가온다.

티끌 모아 태산을 이루듯 700만 곡을 수집한 그를 보면서 한눈 팔지 않고 우직한 사람이 산을 옮긴다는 우공이산^{愚公移山}이 떠오른다.

WILDS EFFECTER

Want | 미래에 이루고 싶은 꿈이나 목표가 있다면 어떤 것들이 있으신가요?

— *세계의 음악을 한곳에 모아놓고 모든 사람들이 음악을 들으며 살게 하고 싶다.*

Imagine | 원하는 것이 이루어진 상태를 상상하면 어떤 모습인가요? 무엇이 보이고 들리고 느껴지시나요?

— *편하게 음악을 듣고 있겠지요.*

Learn | 미래 성공 모습이 되기 위해 개발할 능력이나 학습하고자 하는 것들은 무엇인가요?

— *이곳저곳 다니면서 음악들을 수집하겠지요.*

Declare | 꿈과 목표를 이룰 것을 세상에 선언한다면 무엇이라고 말씀하시겠습니까?

— *나는 죽는 날까지 음악을 수집한다.*

Share | 자신의 성장과 성취를 통해 얻은 결실, 배움, 지혜 등을 누구에게 어떤 방식으로 나누거나 기여하고 싶으신가요?

— *온 세상 사람에게.*

인간한계 뛰어넘는
세계 최강 맨발의 사나이(맨사)

조
승
환

얼음 위에서 맨발로 오래 서 있기 세계 최고기록(3시간 10분) 보유자 조승환 씨는 세계 최강 맨발의 사나이 '맨사'로 통한다.

일반인들은 맨발로 단 몇 분도 버티기 힘든 얼음 위에서 그는 초인적 인내심으로 자신이 가진 세계최고기록을 꾸준히 경신해나가고 있다.

그뿐 아니다. 한겨울 영하 20도 혹한 속에서 눈 덮인 태백산 정상을 6번이나 맨발로 오르내리고 한라산 4회, 지리산 1회 맨발로 등정했다.

2017년에는 일본 설산雪山 후지산(3,776m)을 맨발로 올라 세계 제1호 기록을 역사에 남겼다.

아파트 1층에 살고 있으면서도 한 번만 엘리베이터가 멈추면 민원이 빗발치는 현실에서 23층(꼭대기 층)까지 계단으로 매일 뛰어 올라가기를 반복하는 고생을 사서 하는 기인奇人이다.

인간한계를 뛰어넘는 그의 도전에는 이웃사랑과 남북통일, 세계평화를 염원하는 메시지가 깔려있다.

맨발 산행, 마라톤, 얼음 위 퍼포먼스를 할 때마다 불우이웃 돕기 등

타이틀을 걸었다. 후원금이 모이면 복지재단 등에 전액 기부하는 선행을 해오고 있다.

2019년 1월 19일 오후, 서울시청 대강당에서 '3·1절 100주년 기념'으로 열린 도전한국인운동본부 주최 '꿈, 희망, 도전 대한민국 희망 프로젝트'에서 그는 '맨발로 얼음 위에 오래 서 있기' 세계기록 경신에 성공했다.

그가 세운 이날 기록(133분, 종전 122분)은 3·1절 100주년을 맞아 나라를 지킨 순국선열들의 얼을 되새기고 독립선언문을 낭독한 33인을 기념하는 숫자(100+33)라서 더욱 특별하다.

또한 전남 광양 출신 맨발의 사나이 조승환의(어린이기금모금활동) 맨발 퍼포먼스를 응원하는 행사에 광양기업 황재우 대표가 1억 원을 쾌척했고 이 돈은 광양시를 통해 전액 광양시 어린이 보육재단에 기부했다.

2018년 4월에는 전남 광양에서 경기 임진각까지 427km를 맨발로 달려 '남북정상회담' 성공을 기원했다.

한라산(1,947m)을 3차례나 맨발로 등정해 '독도는 우리 땅', '남북통일'을 외쳤고, 2021년 2월 4일 '힘내라 대한민국, 코로나19를 이기자'라는 메시지를 담아 제주 성판악에서 한라산 정상(백록담)까지 맨발 등반에 성공했다.

이날 한라산 맨발 등정은 코로나19로 지친 지구촌과 대한민국 국민에게 용기와 힘을 불어넣고자 트로트 디바 서지오와 함께 해서 의미를 더했다.

2017년 11월 1일에는 평창동계올림픽 D-100일을 맞아 평창올림픽 성공을 기원하며 경기도 여주시청에서 출발해 서울시청까지 100km 거리를 맨발로 달렸다.

그가 더욱 놀라운 건 이미 그 누구도 넘볼 수 없는 세계 최고 신기록을 보유하고 있으면서도 기록 경신에 계속 도전하고 있다는 사실이다.

조승환은 2021년 4월 22일 지구의 날 52주년을 맞아 맨발로 오래 서 있기 2시간 40분 도전에 성공하여 자신이 보유하고 있던 종전 세계 신기록(2시간 35분)을 다시 한번 갈아치웠다.

'빙하의 눈물을 보여주다'라는 주제로 서울시청 태평홀에서 펼쳐진 얼음 위 맨발 퍼포먼스는 코로나 공포로 고통받는 사람들에게 위로와 용기를 주고 지구를 아프게 하는 기후 온난화의 심각성을 알리고자 기획했다

조승환은 "맨발 사나이 발바닥이 깨진다는 뜻은 빙하가 녹아내림으로 지구가 아프다는 뜻"이라며 "우리 모두 지구를 살리는 운동에 동참하여 달라."고 호소했다.

조승환은 자신이 세운 세계 신기록을 두 달도 안 돼 우리 땅 독도에서 경신했다. 그는 2021년 6월 9일 독도에서 일본의 독도침탈 야욕을 규탄하고 국제사회에 고발하기 위해 진행위원과 배의 승선 관람객 450여 명이 참석한 가운데 '얼음 위 맨발 오래서 있기' 3시간 5분 도전에 성공함으로써 종전기록(2시간 40분)을 25분이나 초월했다.

환경에 대한 관심이 높아 '한국의 툰베리'로 불리는 조승환 맨사는

2021년 7월 20일 강원도 동해 망상해수욕장에서 일본 후쿠시마 원전 오염수 방류 철회를 촉구하며 얼음 위에서 맨발로 오래서 있기 3시간 10분 도전에 성공하여 자신이 보유한 세계기록(3시간 5분)을 다시 한번 경신했다.

조승환 맨사의 세계기록 경신은 끝이 없다. 자신의 세계기록을 한 달이 멀다 하고 계속 경신해나가고 있다.

영하의 냉기가 흐르는 얼음판 위에서 10분도 아니고, 1시간도 아니고, 3시간 이상을 맨발로 서 있고, 한겨울 눈 덮인 태백산 정상을 맨발로 6번이나 오르며, 살을 에는 칼바람 속에서 후지산 맨발 등정이 어떻게 가능할까?

보통 사람은 상상조차 하기 힘든 일에 거침없이 도전하여 신기록 행진을 계속해나가는 그를 지켜보는 내내 가슴이 조마조마하면서 건강을 해치지나 않을까 걱정이 앞선다.

그도 아프다. 그도 인간이다. 보통 사람이 느끼는 감정을 똑같이 느낀다. 뜨겁고 차갑고 춥고 시리다. 얼음 위에 맨발로 서면 한기가 뼈를 뚫는 고통이 온다.

고통을 느끼면서도 참아낸다. 뼈가 깨지는 고통이 지나면 관절 통증이 온다. 그래도 버틴다. 온몸의 기氣를 종아리에 모으고, 모은 기를 다시 아래로 밀어내면서 한기寒氣를 물리친다.

한겨울 눈 덮인 한라산에 오를 때도 그렇게 참아냈다. 일본 후지산에서도 정상이 가까워질수록 심해지는 칼바람에 맨발의 몸이 굳어지는 극한상황에 닥치지만 평화통일을 염원하는 마음으로 이겨냈다.

세상에서 가장 강한 맨발의 사나이지만 그에게도 남모를 아픔이 있다.

전남 광양 마산마을 출신으로 복싱 명문 금당고등학교에서 권투선수로 활동하면서 유망주로 주목을 받았지만 졸업 후 서울로 올라와 사업을 했다.

하지만 젊은 패기로 뛰어든 세상은 호락호락하지 않았다. 그가 손댄 사업이 2008년 국제금융위기를 몰고 온 미국발 리먼 사태 여파로 와장창 무너졌다. 한순간에 전 재산을 날리고 떠안은 빚만 수십억 원에 달했다.

찜질방을 전전하며 술에 찌들어 살다 보니 건강이 망가지고 병마가 찾아왔다. 현실에서 도피하고 싶은 심정으로 도봉산 자락의 한 사찰에 들어가면서 산과 인연을 맺었다.

처음에는 기어오르다시피 도봉산 정상까지 10시간이 걸렸다. 그 이후로 매일 산에 오르던 어느 날 맨발로 등산하면 건강에 좋다는 소리를 들었다. 그때부터 맨발 등반이 시작되었고 오늘까지 이어졌다.

처음에는 10시간 걸려서 올랐던 도봉산을 이제는 20분 만에 맨발로 뛰어오를 수 있는 총알 강철 인간으로 변신했으니 참으로 기적 같은 일이 아닐 수 없다.

맨발 등반은 그에게 어떤 고난도 극복할 수 있는 자신감과 잃어버린 건강을 선물했다. 이제는 수십억 빚도 모두 갚았고 잘 나가고 있다.

리코 부회장을 역임했고, 현재 의류 브랜드 에스제이트랜드 전무이사를 맡고 있다. 75년 전통의 만두 전문기업 취영루의 홍보모델과 광양시 홍보대사로도 활동하고 있다.

그는 자신이 세운 '얼음 위 맨발 오래 서 있기' 세계 신기록을 경신할 때마다 언론들의 스포트라이트를 한몸에 받을 정도로 유명인사가 되었다.

최악의 수렁에서 인간 승리로 삶을 역전시킨 맨발의 사나이 조승환의 이력이다. 그렇다고 달라진 것은 없다. 유명세를 치르고 있는 지금도 그는 한 치의 흔들림 없이 자신의 길을 가고 있다.

'불우이웃 돕기', '독도 수호', '코로나 극복' 등의 타이틀을 건 맨발 산행, 마라톤, 얼음 위 퍼포먼스를 계속하고 후원금이 모이면 복지재단 등에 기부하는 선행도 꾸준히 이어가고 있다.

그에겐 아직도 하고 싶은 꿈이 많다. 아직 오르지 못한 전국의 유명한 산을 맨발로 등정하고, 언제가 될지 모르지만 한라에서 백두까지 맨발 완주를 할 수 있는 날이 오기를 학수고대하고 있다. 또한 히말라야 안나푸르나를 맨발로 오를 계획이다.

WILDS EFFECTER

Want | 미래에 이루고 싶은 꿈이나 목표가 있다면 어떤 것들이 있으신가요?

— 얼음 위 맨발 오래 서기 신기록 경신 행진 계속 도전, 한라에서 백두까지 맨발 완주, 히말라야 맨발 완주 꿈.

Imagine | 원하는 것이 이루어진 상태를 상상하면 어떤 모습인가요? 무엇이 보이고 들리고 느껴지시나요?

— 뼈를 깎는 고통과 아픔을 인내와 노력으로 극복하고 인류 역사상 최강 맨발의 사나이가 되다.

Learn | 미래 성공 모습이 되기 위해 개발할 능력이나 학습하고자 하는 것들은 무엇인가요?

— 노력과 인내 없이 얻어지는 것은 이 세상에 단 하나도 없다. 정상에 오르는 순간 자만하면 끝이라는 각오로 나 자신과의 싸움인 세계 신기록을 경신하기 위해서 끊임없이 노력하고 도전을 계속한다.

Declare | 꿈과 목표를 이룰 것을 세상에 선언한다면 무엇이라고 말씀하시겠습니까?

— 나 조승환은 자타공인 인간한계를 뛰어넘은 세계최강 맨발의 사나이다.

Share | 자신의 성장과 성취를 통해 얻은 결실, 배움, 지혜 등을 누구에게 어떤 방식으로 나누거나 기여하고 싶으신가요?

— 지금까지 그래왔듯이 앞으로도 국민들에게 꿈과 용기를 심어주고 이웃 사랑과 남북통일, 세계평화, 위기 극복 등 타이틀을 내건 얼음 위 맨발 퍼포먼스, 맨발 달리기, 맨발 산행 등을 계속할 것이다.

2장

Imagine

생생하게 상상하자

전국의 명품 소나무 화폭에 옮겨 심는
소나무화 명장 화가

김 순 영

"예술의 시작은 도전이다. 도전하지 않으면 아무것도 탄생하지 않는다."

전국의 유명 솔밭을 찾아다니면서 명품 소나무를 화폭에 옮겨 심는 소나무화 명장 솔하 김순영 화가의 예술혼이 담긴 말이다.

김순영 소나무 화가의 그림 작업을 한마디로 압축하면 도전이다. 그동안 그린 소나무 그림이 600여 점(소나무 6,000그루)으로 최대, 최다 기네스 기록을 인증받았고 전시회를 꾸준히 열어왔으며 기록을 계속 경신해나가고 있다.

비바람에 꺾이고 굽어도 늘 푸른 기상으로 다시 살아나는 소나무가 좋아서 대학원 논문도 소나무를 주제로 썼다. 전시회장 안이나 밖에서도 그의 소나무 그림은 독보적이고 단연 인기다. 대담하고 힘이 넘치는 한국의 소나무 그림으로 자기만의 독특한 그림세계를 구축해왔다.

김순영 화가를 처음 만난 장소는 2016년 3월, 서울 인사동 갤러리 M

에서 20번째 개인전을 열던 전시장이었다.

전시장에 들어서자 벽면을 가득 채운 소나무 작품 15점이 화폭에서 저마다의 아우라를 뿜어내며 시선을 사로잡았다. 숲속에 온 듯한 착각이 들 정도로 생동감이 넘치고 솔향기 머금은 소나무의 진한 기운이 느껴졌다.

그가 유화를 그리기 전에는 수채화를 그렸다. 초등학교 1학년 때 고사리손으로 그린 그림이 사생대회 수상작으로 뽑히면서 그림과 평생을 함께 해왔고 한국화단에서 공식 활동한 세월도 어느덧 20년이 넘었다.

도심의 찌든 일상을 벗어나 현장답사 겸 솔밭길을 걸으면서 상큼하고 맑은 공기도 실컷 마시고 힐링하는 기분으로 주위를 살피다가 눈에 들어오는 명품 소나무를 발견하면 곧바로 그림 작업 모드로 들어간다.

소나무는 비바람에 꺾이고 굽어도 늘 푸른 기상으로 다시 살아난다. 온갖 외침과 역사의 소용돌이 속에서도 5000년을 버텨온 한국인의 상징이다.

"제가 그렇게 살아왔거든요. 굴곡이 심한 소나무를 보면 굴곡진 삶을 살아온 제 인생과 흡사하다는 생각을 해요. 부모 세대들은 어려운 시절 소나무 속껍질을 먹었다고 해요."

그런 사연을 안고 그는 자신의 삶과 흡사한 소나무 그림을 그리기 위해 역사와 세월의 흔적을 고스란히 품고 있는 전국의 소나무 솔밭 현장을 숙명처럼 누비고 다녔다.

"일본 사람이 송진 채취를 해서 쓰러진 소나무를 보고 소나무를 그려야겠다고 마음먹었어요. 언젠가 사라질지 모르는 소나무를 기록으로 남기고 싶었어요."

생명력이 강한 우리 민족의 고뇌와 정서를 대변하는 소나무를 그리는 그의 작업은 온갖 역경에도 꿋꿋하게 지키고 싶은 애국심과 의지意志의 표현으로 느껴진다.

봉곡사, 설악산, 양산, 강릉 솔밭, 울진, 장흥, 경주 삼릉 솔밭, 괘릉 솔밭, 충청도 임한리 솔밭, 충청도 소수선원 등은 그가 즐겨 찾는 솔밭이다.

365일 가리지 않고 계절마다 좋아하는 솔밭을 찾아갔다. 기상에보까지 꼼꼼히 챙기고 눈이 오면 전날 밤 미리 내려가 인근에 도착해서 대기하고 있다가 새벽 여명을 기다려 일출 즈음해서 현장 사진을 찍고 스케치를 한다.

안개가 걷히는 새벽부터 해가 떠오르는 일출 전후의 빛과 소나무의 신비로운 조화를 특유의 기법으로 화폭에 그려낸다. 나무만 그리지 않고 소나무가 서 있는 땅의 기둥뿌리부터 주변 지형까지 그린다.

전시장 밖에서도 그의 소나무 그림을 볼 수 있는 장소가 있다. 국내 최대작품인 300호 대왕송, 한국소나무그림(1.6m×27.42m) 최고기록 주인공으로 2006~2008년에는 청와대에서 작품을 전시했고, 서울가정행정법원에 200호 대작이 걸려있다. MBC 드라마에도 협찬을 했다.

김순영 화가는 대한민국 미술대전 심사위원을 역임했고 현재 한국

미술협회 이사직과 함께 노원미협 부회장을 맡고 있다. 그동안 32회의 개인전을 열었고 대한민국 미술대전 특선 등 다수의 수상 기록을 보유하고 있다.

그의 화실은 서울 도봉동 무수골 입구에 있으며 제자 양성에도 힘을 쏟고 있다. 제자들의 연령대가 20대부터 70대까지 다양하다.

그의 그림에는 인고의 세월이 녹아있고 그의 인생이 투영돼 있다. 고향 산천을 지켜온 소나무 사랑이 있고 보이지 않는 색채로 애국심을 표현했다.

이울러 우리네 인생과 바람과 구름, 하늘, 비, 눈雪, 새, 공기, 그리고 생명을 품은 소나무를 화폭에 담았다. 고난의 상징인 옹이까지……. 그래서 그의 소나무 그림은 생동감이 있고 강한 힘이 느껴진다.

그의 전시회는 늘 화제를 몰고 다닌다.

2017년 10월 20일부터 29일까지 10일 동안 열린 '2017 대한민국 산림문화 박람회'에 김순영 작가의 소나무 그림이 특별 전시되어 50만 명이 다녀갈 정도로 큰 인기를 끌었다.

길을 가다 우연히 김순영 소나무 화가의 전시장에 들른 한 스님이 3일 연속 찾아와 종일 한 자리에 지팡이를 짚고 서서 전시장의 3개 벽면을 채운 1.6m×18.28m 초대형 소나무 그림 삼매경에 푹 빠졌다는 일화가 그의 그림 실력을 말해준다.

2019년 9월 조선일보 미술관에서 열린 32회 개인전에서는 9.2m×2.7m에 달하는 세한설송歲寒雪松 등 57점을 선보여 찬사를 받았다.

특히 32회 개인전에서는 김순영 화가가 입고 나온 한복에도 그가 직접 그린 소나무 그림이 그려져 있어 작가와 한복과 그림이 절묘하게 어우러진 그 자체로 꽃보다 더 아름다운 한 폭의 그림이었다.

　김순영 화가는 소나무 그림 작업을 통해 새로운 도전을 끊임없이 시도했다. 2018년 5월 3일 서울 남산 한옥마을에서 열린 '아시아 미 페스티벌'Asia 美 Festival에서는 김순영 화가가 컬러 염색 물감으로 유명 디자이너의 한복에 작업한 소나무가 선보여 눈길을 끌었다.

　내 숨결 내 영혼의 고향
　신이 주신 에덴의 동쪽
　전설 담은 패랭이꽃 눈물겹고
　새끼 품은 괭이갈매기 사랑스럽다

　백두에서 한라까지 이 땅을 지켜온 소나무
　시린 역사 푸른 삶으로 견디며
　그 강직한 이름으로 민족의 정신에 뿌리내릴 때
　독도 너는 무슨 까닭에 솔 씨를 숨겨두었느냐?

　민족의 혼이 춤을 추는 동해
　솔향 가득한 고향은 거기에 우뚝하더라

　독도야! 그 강인한 소나무를 다시 품어라.

　김순영 화가가 소나무를 주제로 쓴 시 '소나무를 다시 품어라'다. 짧은 몇 마디의 시에서 넘치는 소나무 사랑과 애국심이 가슴 절절하게 묻어나온다.

김순영 화가는 눈만 뜨면 '푸른 소나무'를 화폭에 심고, 가꾸고 키운다. 그의 화실에는 항상 소나무가 자라고 있다. 가로 5m, 세로 1m 60cm의 거대한 화폭을 소나무 한 그루가 가득 채웠다. 600살 대왕송이다. 그의 손끝에서 탄생한 소나무다.

김순영 화가는 강원도 인제군에서 가진 자작나무 전시회가 인연이 되어 인제군 홍보대사로도 활동했다.

김순영 화가는 5월 20일 사단법인 도전한국인(상임대표 조영관) 주최 대한민국 BEST 명장 명인 시상식에서 소나무화 명장으로 공식 인증받았다.

WILDS EFFECTER

Want | 미래에 이루고 싶은 꿈이나 목표가 있다면 어떤 것들이 있으신가요?

— 소나무 화가로서 보는 이들에게 힘이 되는 최고의 소나무 작품을 남기는 것입니다.

Imagine | 원하는 것이 이루어진 상태를 상상하면 어떤 모습인가요? 무엇이 보이고 들리고 느껴지시나요?

— 끝이 있을까요! 수백 년의 세월을 이겨내고 강인한 생명력으로 푸르름을 잃지 않는 소나무의 자태를 표현하기에 저는 시간이 너무 부족하다고 생각합니다. 그냥 열심히 소나무 그림을 그리고 있는 모습일 것입니다.

Learn | 미래 성공 모습이 되기 위해 개발할 능력이나 학습하고자 하는 것들은 무엇인가요?

— 명품 소나무를 찾아 소통하고 범접하기 어려운 내적 기운이 넘치는 신비스러운 아름다움을 연구하고 생명의 경이로움을 표현하고 싶습니다.

Declare | 꿈과 목표를 이룰 것을 세상에 선언한다면 무엇이라고 말씀하시겠습니까?

— 최고의 소나무화가.

Share | 자신의 성장과 성취를 통해 얻은 결실, 배움, 지혜 등을 누구에게 어떤 방식으로 나누거나 기여하고 싶으신가요?

— 작품전을 통해 소장되고, 현재 제자양성에 노력하고 있습니다.

세상에 활기를 불어넣는 초능력 인간
국학3법기수련세계총본부 총재

김 승 도

김승도

쇠를 씹어 삼켜 '게눈감추듯' 소화를 시키는 단노^{丹爐} 김승도^{金昇燾} 국학3법기수련세계총본부 총재는 한국이 낳은 세계적 초능력자로 세계 기네스북 3가지 부문(쇠 9톤을 먹은 사람, 특이체질 소유자, 수은시계를 먹은 사람) 기록 보유자 명단에 올라있다.

김 총재는 한민족의 얼과 전통문화의 소중함을 널리 알리고 기수련을 통한 건강전도사로 평생을 헌신해왔다. 민족 경전 천부경을 60년 공부한 이 분야 최고 전문가이며 한학자로도 조예가 깊다.

미국 텍사스주 휴스턴 나사 우주본부에 단골로 초청받아 우주인에게 강연을 하여 한국의 위상을 드높인 인물이다.

김승도 총재의 초능력은 지감^{止感}, 조식^{調息}, 금촉^{禁觸}의 삼법회통^{三法會通} 일명 기수련을 통해 터득한 비법이다.

김 총재의 초능력은 한계가 없다. 어금니로 굵은 철사를 뚝뚝 끊어 먹고, 면도날을 우둑우둑 씹어 삼키며, 나사못과 수은시계를 입 안에 털어 넣고 꿀꺽 목으로 넘겨 버린다.

씨앗을 손으로 만져서 5분 안에 싹을 틔우고, 나무젓가락을 손바닥 위에 세워 놓고 춤을 추게 하며, 손가락으로 휴지에 불을 붙이기도 가능하다.

밥을 먹듯 매일 한 근씩 쇠를 먹는 인간 불가사리, 현대 과학 문명으로는 도저히 풀 수 없는 초능력의 사나이, 신문, 방송 등 국내외 언론매체에 5백여 차례 이상 보도된 그의 이름 앞에 그림자처럼 따라다니는 수식어들이다.

60년 동안 9톤이 넘는 쇠를 먹고도 인체에 아무 문제가 없다는 사실이 세상에 널리 알려졌지만 정작 그가 오랫동안 기수련과 한학을 통해 민족 경전을 통달했다는 사실을 눈여겨보는 사람은 그리 많지 않다.

그는 6세 때 한의사였던 부친에게 한학을 배우기 시작했고, 14세 때 부친의 친구였던 스님에게 맡겨져 한학과 기수련에 정진하였다.

계룡산에 입산하여 스님으로부터 혹독한 수련에 들어간 그는 추운 겨울에는 촛불을 켜고 언 몸을 녹이며 천부경을 읽었다.

스승으로부터 축지법과 다양한 초능력 비법을 전수받고 하산하여 군에 입대한 그는 오락 시간에 보여준 묘기로 연예대에 발탁되어 무대에서 수류탄 등 쇠붙이를 닥치는 대로 먹어 치워 일약 스타로 부상했다. 그런 묘기 덕분에 월남까지 위문공연을 갔다.

어려서부터 기수련과 차력술, 정도술 무술을 수련해 왔고, 민족 경전인 천부경天符經, 불교서적인 혜명진경慧命眞經, 우주의 원리를 담은 천문天文 및 한학을 공부하면서 초능력을 터득한 김 총재는 누구도 따라 할 수 없는 자신만의 비결을 털어놓는다.

"삼법회통으로 체내에 기를 불어넣으면 어떤 물체가 충격을 가해와도 끄떡없습니다. 또 이미 몸의 상태가 기에 싸여 있기 때문에 날카로운 면도날도 거뜬히 씹어 삼킬 수 있습니다."

손바닥 위에 나무젓가락을 올려놓고 기를 모으면 나무젓가락이 벌떡 일어나고, 휘파람으로 수십 마리의 새를 불러 모으는 진풍경이 TV 묘기대행진에 소개되기도 했다.

한번은 방송을 끝내고 귀국길 공항검색대에서 계속 경보음이 울렸다. 검사원이 원인을 찾지 못하자 그는 "후지TV 출연 중 먹은 시계가 배 속에 있는 모양"이라고 하였다. 그 말을 들은 검사원이 방송국에 전화를 걸어보더니 죄송하다면서 그 이후 귀빈예우를 받았다고 한다.

기상천외한 묘기로 일생을 살아온 그는 수십 년째 국내외를 드나들며 초능력 시범을 보여주고 있다. 美 CNN방송과 日 NHK, 후지TV 출연 등 그동안 100여 개 국가 이상 초청 방문하였다.

미국 최대 방송사인 CNN에 출연하여 쇠와 수은시계 5개를 한꺼번에 먹는 모습이 30여 국에 방영되어 세계를 깜짝 놀라게 했으며, 일본 NHK와 후지TV에서 시계와 자전거 1대를 10일 만에 먹어 치우는 시범을 보여주기도 하였다.

그는 1990년 기네스 기록 서울대회에서 특이체질의 소유자로 인정받았다. 쇠를 먹고 소화되는 과정이 X레이 촬영을 통해 확인되었다.

이러한 초능력 비법은 모두 삼법기三法氣에서 비롯된다.

삼법이란 천天, 지地, 인人 즉 하늘, 땅, 사람을 뜻하는데 사람은 하늘과 땅을 무서워할 줄 알아야 하며 세 번 참으면 복을 얻는다고 말한다.

삼법은 또한 머리, 위장, 단전을 의미하기도 하는데 천, 지, 인이 조화를 이루어 우주를 만들듯 사람도 머리(지식), 위장(영양), 단전(기)이 삼위일체를 이루어야 기를 얻는다고 한다.

"삼법기는 지금으로부터 1만여 년 전 구전口傳으로 전해 내려오다가 문자화된 민족 삼대경전인 천부경, 삼일신고三一神誥, 참전계경參佺戒經 중 삼일신고에 실려 있는 지감止感, 조식調息, 금촉禁觸이라는 삼법을 정진수행하는 방법을 의미하며 일명 삼법회통도三法會通道라고 합니다."

기수련을 통한 건강전도사이자 우리 민족의 뿌리를 찾고 효를 실천하는 효의 전도사, 그는 뿌리와 근본을 소중히 여기는 사람으로, 이 세상 모든 것은 뿌리가 있어야 한다고 강조한다. 천부경天符經을 좋아하는 이유도 바로 그 때문이다.

천부경 81자를 명함에 새겨 넣고 다닐 정도로 좋아한다. 그가 그토록 천부경에 애착을 갖는 이유는 바로 우리 조상의 뿌리와 세상 사는 이치가 천부경 81자에 들어있기 때문이란다.

천부경은 민족 경전으로 창조주가 인간에게 내려준 인간 생활의 근본을 밝히는 우주의 운행원리를 설명한 글이다.

一始無始一(일 시 무 시 일)로 시작해서 一終無終一(일 종 무 종 일)로 끝나는 81자로 구성되어 있는데 1에서 10까지의 숫자가 지닌 원리를 통해 천天 지地 인人의 삼극三極이 태어나生 자라고長 늙으며老 병들고病 죽는死 것을 끝없이 반복하는 경위를 설명하였다.

김승도 총재는 사회사업에도 남다른 관심을 가지고 있다. 전국을 순회하며 초능력 시범 및 강연을 통해 번 돈으로 50년이 넘도록 불우청소년 및 소년소녀 가장을 돕고 있다.

1991년부터 효, 청, 학 정우장학회 회장을 맡아 지금까지 매년 50명을 선발하여 장학금을 지급해왔으며 법무부 교화위원으로서 재소자 교화 운동에도 남다른 애정을 쏟고 있다.

그동안 받은 상장만 해도 법무부장관 표창, 국무총리 표창, 자랑스런 공주시민상, 대한적십자사 자원봉사 1,000시간 유공표창장 등 이루 헤아릴 수가 없다.

김승도 국학3법기수련세계총본부 총재는 천부경을 60년간 공부해온 공로로 2021년 3월 3일 서울 영등포로 송호대학 빌딩에서 2개의 명예박사 학위를 취득했다.

한국전문직업재능교육대학원(선정규 총장)으로부터 세계최고학문 '국학민족삼대경전학 명예박사학위'를 받은데 이어, 한국전문직업재능인증위원회(송일영 총재)로부터 '국학천부경 전문 재능박사 인증서'를 수여받았다.

김승도 총재는 국학삼법기수련세계총본부 기수련과 민족삼대경전, 난치병 치료 박물관을 경북 영양에 이어 인천, 충남 아산, 강원도 원주 신림면, 경기도 이천, 충북 진천, 제천 등 전국으로 확대 운영해나갈 계획이다.

김승도 총재가 수십 년째 계속해오는 건강관리 4가지가 있다.

가장 먼저 아침에 일어나서 입안에 있는 침의 진액을 혀로 삼킨다. 이런 행동을 6~7회 반복한다. 아침에 눈을 떴을 때 입안에 고여 있는 침의 진액은 건강을 지켜주는 보약으로 위장병이나 위암을 예방해준다고 한다.

두 번째는 머리 튕기기.

양손바닥으로 양귀를 막고 뒤통수를 검지 장지로 튕긴다. 3회 반복하면 머리를 맑게 해주는 효과가 있다.

다음은 1분에 두 번 정도로 손바닥 마주치기.

불이 번쩍 날 정도로 아주 세게 때린다. 30회 반복하면 수지침을 놓는 효과가 있다.

마지막으로 단전을 주먹으로 두드린다. 두드리면서 항문을 오므렸다 폈다 한다. 120회 정도 반복한다.

이런 식으로 건강관리를 60년 넘게 해오고 있다. 지금까지 살아오면서 병원 문턱 한번 밟아보지 않을 정도로 건강하다. 175cm 키에 몸무게 75kg을 항상 유지한다.

인간의 한계를 뛰어넘었을 때의 성취감 때문에 끊임없이 불가능에 도전하면서 세상을 살아간다는 김승도 총재.

외국순회공연 수익금 전액을 불우이웃돕기에 내놓는 등 선행을 몸소 베풀며 살아왔지만 그는 정작 검소하게 살고 있다.

대한민국을 넘어 세계가 인정하는 초능력의 사나이 김승도 총재의 괴력은 쇠붙이뿐만 아니라 각박한 세상인심도 함께 녹이고 있다.

WILDS EFFECTER

Want | 미래에 이루고 싶은 꿈이나 목표가 있다면 어떤 것들이 있으신가요?

— 일생을 올인해온 삼법기수련과 민족 삼대경전 천부경을 널리 보급하고 전문가와 후학 양성을 위한 수련관을 확대 운영.

Imagine | 원하는 것이 이루어진 상태를 상상하면 어떤 모습인가요? 무엇이 보이고 들리고 느껴지시나요?

— 삼법기수련을 통한 건강전도사이자 우리 민족의 뿌리를 찾고 효를 실천한 효의 전도사.

Learn | 미래 성공 모습이 되기 위해 개발할 능력이나 학습하고자 하는 것들은 무엇인가요?

— 국학삼법기 수련과 천부경의 깊이는 끝이 없다. 숨이 멈추는 순간까지 계속 수련하고 공부를 게을리하지 않을 것이다.

Declare | 꿈과 목표를 이룰 것을 세상에 선언한다면 무엇이라고 말씀하시겠습니까?

— 나 김승도는 국학삼법기수련의 창시자이자 세계최고학문 '국학민족삼대경전학' 천부경의 세계 일인자로 역사에 기록된다.

Share | 자신의 성장과 성취를 통해 얻은 결실, 배움, 지혜 등을 누구에게 어떤 방식으로 나누거나 기여하고 싶으신가요?

— 국학삼법기수련세계총본부 기수련관과 천부경 박물관을 전국에 지어 전문가를 양성하고 누구나 배울 수 있도록 전천후 교육을 실시하겠다. 초능력 시범 및 강연을 통해 불우청소년 및 소년소녀가장을 돕는 일도 계속해나가겠다.

맞춤 정장 평생 외길 걸어온 양복명인

류
동
선

류동선

아무리 기성양복이 유행하는 시대라지만 자신의 개성과 취향을 살리고 돋보이게 하는 맞춤정장을 선호하는 사람들도 적지 않다.

서울 종로 5가에서 맞춤양복전문점(킹테일러)을 운영하는 류동선 대표는 이 분야에서 알아주는 양복 명인이다. 어떤 옷을 입느냐에 따라 마음도 자세도 달라진다는 신념과 자부심으로 옷을 만든다.

공장에서 대량으로 찍어내는 기성복과 달리 맞춤 정장은 한 벌이 완성되기까지 수공이 많이 가고 시간도 오래 걸린다. 그 많던 양복점이 사라진 이유도 이와 무관하지 않다.

기성 양복이 대세를 이루는 현실에서 류동선 양복 명인을 주목하지 않을 수 없다. 18세 때 이 바닥에 뛰어들어 오랜 경험과 장인의 고집으로 양복과 관련해, 한 우물만 파 오고 있다.

어느 업종을 막론하고 고수가 되는 길은 멀고도 험하듯이 류동선 대표도 예외가 아니다. 가장 기초부터 배우기 시작하여 능력을 인정받고 명인의 반열에 오르기까지 자그마치 57년이 걸렸다.

그 긴 세월을 인내하고 노력해서 얻은 결실이다. 그가 더욱 빛나는 이유는 사다리를 한 발 한 발 기어오르듯 봉제부터 재단, 디자인을 모두 거쳤다는 사실이다.

대전에서 양복점에 취업하여 일하다 '큰물'인 서울로 진출했다. 손재주가 좋고 손바느질을 잘하는 그가 만드는 양복은 고객들이 알아보았다. 옷을 잘 만든다는 입소문이 퍼지고 '재주문'이 이어지면서 점점 유명세를 탔다.

지방에서 가장 밑바닥부터 출발해 서울에서도 날고 기는 실력자들이 모이는 소공동 롯데, 충무로, 명동을 거쳐 현재 서울 종로5가역 지하쇼핑센터에서 양복점을 운영하고 있다.

양복점을 이전해도 한번 인연을 맺으면 잊지 않고 찾아주는 30년 이상 단골손님이 류동선 명인의 실력을 말해준다. 'BEST 명장' 칭호까지 받았으니 그의 손끝에서 만들어지는 양복 또한 명품이라는 꼬리표가 따라붙는다.

협회 일에도 열심이다. 류동선 명인은 1979년 대한복장기술협회 중앙위원을 시작으로, 1980년 대한복장학원 단기대학 강사, 1991년 한국복장기술경영협회 이사, 1995년 한국맞춤양복재단사협의회 회장, 1998년 한국맞춤양복디자이너협의회 명예회장으로 활동하였다.

이후에도 한국맞춤양복협회 운영위원, 자문위원 등 노익장을 과시하며 양복업계에서 알아주는 인물로 정평이 나 있다.

한국맞춤양복협회에서 1년에 한 차례씩 개최하는 패션쇼에도 꾸준히 참가해오고 있다. 그가 만든 명품 양복을 입은 모델들이 출연하는 패션쇼다.

1991년 제24차 세계주문양복연맹총회 패션쇼, 2018년 제27차 아시아주문양복연맹총회 패션쇼에도 참가했다.

류동선 명인은 최근에 특별한 취미가 생겼다. 그동안은 한국맞춤양복협회에서 패션소를 열 때마다 류동선 명인이 만든 양복을 입은 모델들이 출연했다.

나이 70을 훌쩍 넘겼지만 그의 열정은 여전히 뜨겁다. 모델은 아무나 하나! 물론 아니다. 하지만 류동선 명인은 아무나가 아니다. 옷 잘입는 패셔니스타로 그 누구와 견주어도 빠지지 않는 멋쟁이다.

류동선 명인이 자신의 숨은 끼와 멋쟁이 기질을 살려 늦은 나이에 시니어모델로 변신을 했다. 모델 양성 전문 교수로부터 6개월간 정식으로 시니어모델 지도를 받았다. 늦깎이 나이에 시니어모델로 변신하여 활동하고 있다.

류동선 명인은 시니어 패션쇼에 시니어모델로 참가하여 화려한 패션 의상을 입고 런웨이를 하면서 그동안 갈고 닦은 자신의 기량을 마음껏 뽐냈다.

류동선 명인은 '멋을 아는 패셔니스타'답게 시니어 패션쇼에서 수트발 잘 받는 시니어모델이라는 칭찬을 들었다.

시니어모델로 변신하여 제2의 인생을 활기차게 살아가는 류동선 명인을 보면 도전에는 나이가 없고 변신은 자유다.

류동선 명인은 평생 잔뼈가 굵은 맞춤 양복은 평생 직업이고 여기에 더하여 취미 삼아 시니어모델을 병행하면서 인생 2모작을 활기차게 살아가고 있다.

류동선 명인은 기성 양복에 밀려 맞춤 양복이 사라지는 현실이 너무 아쉽다면서 맞춤 양복이 전성기를 누리던 시절을 회고했다.

　70년대까지만 해도 전국 어디를 가나 양복점이 대세로 자리 잡았고, 사람들은 철 따라 양복을 맞춰 입었다.

　대학 합격 또는 취직하면 기념으로 맞춤 양복은 필수였고, 약혼 및 결혼식 때는 본인은 물론 양가 부모님이나 중매쟁이에게도 맞춤 양복을 선물로 해주던 시절이 있었다.

　그 많던 양복점이 거짓말처럼 사라지고 이제는 도심에서도 양복점을 찾기가 쉽지 않은 현실이만 길게 보면 유행은 돌고 돈다. 빠르게 변하는 현실에 지친 탓일까? 경쟁에 떠밀려 자신을 돌아볼 틈도 없이 숨 가쁘게 살아가는 현대인들에게 한 시절을 풍미했던 유행을 소환하는 역주행 현상이 나타나고 있다. 과거의 기억을 그리워하며 그 시절로 돌아가려는 레트로(retro, 복고풍) 바람이 다시 일고 있다.

　단골손님이 주류를 이루는 킹 양복점에도 이러한 추세를 반영하듯 새로운 손님들이 종종 찾아와 맞춤 양복을 주문한다.

　류동선 명인도 자신이 걸어온 발자취를 기록으로 남기기 위해 10여 분 남짓 분량으로 압축하여 영상 자서전을 만들었다.

　양복 입은 멋쟁이 신사들을 반백 년 넘게 상대하다 보니 류동선 명인 자신도 신사복을 즐겨 입는다.

　류동선 명인은 매장에서도 날이 선 와이셔츠에 깔끔한 양복을 입고, 머리부터 발끝까지 패션 감각을 살린 스타일로 손님을 맞이한다. 자신이 입는 양복에 따라 구두도 천으로 만들어 색상까지 맞춰 신는다.

　결혼을 앞둔 예비 신랑부터 얼굴이 많이 알려진 스타에 이르기까지

'킹테일러'를 찾는 고객층도 다양하다.

킹 양복점을 방문해서 류동선 명인이 일하는 모습을 몇 시간 동안 지켜보았다. 류동선 명인은 양복을 만들 때 가장 빛이 난다.

손님들이 수시로 매장에 들어오고 나간다. 단골 고객이 찾아오면 말이 필요 없을 정도로 알아서 척척 움직인다.

화려한 색상의 긴 소매 와이셔츠를 입은 모습으로 줄자로 치수를 재고, 재단을 하고, 가봉하는 모습이 참 행복해 보인다. 한낮 더위에 땀을 뻘뻘 흘리면서도 추호의 흐트러짐 없이 일에만 집중한다.

기계가 아닌 섬세한 손바느질로 380여 공정을 거치며 장인의 혼과 정성을 쏟아 지구상에 살아있는 단 한 사람만을 위한 옷을 만든다.

류동선 양복 명인의 손끝에서 탄생한 맞춤 정장에 맞춤 와이셔츠까지 세트로 차려입으면 품격이 달라진다.

유명 탤런트, 배우 등 연예인만 해도 50여 명의 양복을 만들었다니 더 이상 무슨 검증이 필요할까! 그 오랜 세월 동안 고객들의 꾸준한 사랑을 받는 장수 비결이 뭐냐고 물었다.

"1대1 상대 맞춤옷으로 손님이 원하는 걸 해주는 게 아닐까 싶습니다."

기자의 우문愚問에 짧지만 명쾌한 현답賢畓이다.

WILDS EFFECTER

Want | 미래에 이루고 싶은 꿈이나 목표가 있다면 어떤 것들이 있으신가요?

— 후배양성. 평생 외길을 걸어온 명장의 기술과 노하우를 후배들에게 전수하여 계속 이어가고 싶다. 노후에 시니어 모델로 활동하고 있다. 양복 명인의 패션 감각을 나에게 적용하여 내가 만든 옷으로 국내외 패션쇼에 참가하고 싶다.

Imagine | 원하는 것이 이루어진 상태를 상상하면 어떤 모습인가요? 무엇이 보이고 들리고 느껴지시나요?

— 이 시대를 대표하는 맞춤 양복 명장의 섬세한 손바느질로 380여 공정을 거치며 장인의 혼과 정성을 쏟아 지구상에 단 한 사람만을 위한 옷을 만든다는 자부심이 넘친다. 명장의 기술과 노하우를 전수받은 후배들이 그 전통을 계속 이어가는 모습을 보고 싶다. 또 시니어 모델로 스포트라이트를 받는 나를 상상만 해도 뿌듯하다.

Learn | 미래 성공 모습이 되기 위해 개발할 능력이나 학습하고자 하는 것들은 무엇인가요?

— 기성복과 달리 맞춤 정장은 한 벌이 완성되기까지 수공이 많이 가고 시간도 오래 걸린다. 평생 외길을 걸어온 양복 명장의 칭호에 걸맞게 앞으로도 시내의 트렌드를 연구하고 고객이 만족하는 옷을 만들도록 최선의 노력을 다하겠다.

Declare | 꿈과 목표를 이룰 것을 세상에 선언한다면 무엇이라고 말씀하시겠습니까?

— 나 류동선은 맞춤 양복의 bsest 명장이다. 어떤 옷을 입느냐에 따라 마음도 자세도 달라진다는 신념과 자부심으로 옷을 만든다.

Share | 자신의 성장과 성취를 통해 얻은 결실, 배움, 지혜 등을 누구에게 어떤 방식으로 나누거나 기여하고 싶으신가요?

— 후배를 양성하고 싶다. 장애인에게도 양복 기술을 가르쳐서 직업인으로 자립할 수 있도록 도움을 주고 싶다.

WILDS

잠시 눈을 감고 심호흡을 한 후, 마음을 가다듬고
다음의 각 질문에 자신의 생각을 적어보시기 바랍니다.
자신의 WILDS를 발견하는 시간입니다.

Want | 미래에 이루고 싶은 꿈이나 목표가 있다면 어떤 것들이 있으신가요?

Imagine | 원하는 것이 이루어진 상태를 상상하면 어떤 모습인가요? 무엇이 보이고 들리고 느껴
지시나요?

Learn | 미래 성공 모습이 되기 위해 개발할 능력이나 학습하고자 하는 것들은 무엇인가요?

Declare | 꿈과 목표를 이룰 것을 세상에 선언한다면 무엇이라고 말씀하시겠습니까?

Share | 자신의 성장과 성취를 통해 얻은 결실, 배움, 지혜 등을 누구에게 어떤 방식으로 나누거나
기여하고 싶으신가요?

고층자전거 세계 기네스 기록 보유자

어
전
귀

어전귀

고층자전거 세계 기네스기록 보유자 어전귀 씨는 고층자전거를 타고 세상을 내려다보는 재미를 만끽하면서 살아가고 있다.

고층자전거를 내 몸의 일부로 여기고 누구의 도움도 없이 자유자재로 올라타고 달리고 멈추고 내린다.

1989년 한국기네스협회 한국진기록부산대회에서 자전거 4개 높이의 4단 자전거 혼자 타고 내리기, 말뚝 S자로 타기에 성공해 기네스북에 올랐다. 3층과 5층 자전거 타기 기록도 보유하고 있다.

어전귀 자전거(토탈멀티샵) TM&S 대표, 사)대한직장인자전거협회 중앙회 회장으로 있으면서 주말에는 각종 행사와 고층 자전거 시범으로 눈코 뜰 새 없이 바쁜 나날을 보내고 있다.

1980년부터 고층자전거를 타고 살아왔지만 지금도 여전히 일주일에 3번 이상 타고 있다.

"안 그러면 균형 감각이 깨져요. 몸이 먼저 신호가 오거든요."

고층자전거를 타기 위해서는 균형 감각이 필수다.

어전귀 고층자전거 달인의 가장 큰 장점이 바로 균형감각이다. 그의 균형감각은 타의 추종을 불허한다. 자전거 타고 제자리 오래 서 있기 (스탠딩) 분야에서 3시간 30분의 기록을 보유하고 있다.

고층자전거만 잘 탄다고 생각하면 큰 오산이다. 그 큰 덩치로 3살 아이가 타는 어린이용 자전거도 올라타서 앉은 자세로 페달을 밟고 앞으로 달린다. 고도의 균형 감각이 받쳐주지 않으면 꿈도 못 꿀 일이다.

고층자전거로 국토종단과 전국 일주 투어도 했다. 단체를 이끌고 국경을 넘어 해외 투어도 꾸준히 해왔다. 각종 자전거 행사나 동호회 라이딩 때는 항상 그가 리더로 선두에 선다.

그가 타는 3층 자전거는 안장 높이만도 180cm로, 자전거에 올라탄 자세로는 3m가 넘어 버스 지붕보다도 높다.

자전거를 타고 가다가 죽을 고비도 수없이 넘겼다. 높이 때문에 가로등, 육교, 간판, 전신주, 고압선 전선에 걸리고 심지어 봉고차, 택시 지붕, 트럭 위에 떨어지는 사고도 당했다.

우여곡절이 많았지만 그런 경험을 통해 지금은 자전거를 안전하게 타면서 언제 어디서 어떻게 터질지 모르는 '돌발 사고'에 대처하는 노하우도 많이 개발했다.

그가 특별히 개발한 '애마' 3단 고층자전거는 티타늄 신소재로 만들어 전체 무게가 15.6kg로 초경량이다.

그는 분신처럼 아끼는 고층자전거를 타고 경기도 삼막사, 망해암, 수리산을 넘어갔다. 강원도 쪽으로는 대관령, 배후령, 미시령을 완주

했다.

특히 미시령 22km 고갯길은 경사가 가파르고 폭이 좁아 일반 산악자전거로도 힘들다는 예상을 깨고 고층자전거로 당당히 완주하여 주변을 깜짝 놀라게 했다.

고층자전거로 계단도 오른다. 계단을 타고 내려오다가 몸이 다치는 것은 두렵지 않지만 자전거가 부서질까 봐 겁이 난다.

1980년부터 고층자전거를 타기 시작했으니 애마와 함께 살아온 세월이 자그마치 40년이 넘었다. 고층자전거를 타기 전에는 원래 사이클 선수였다.

2000년 그의 인생에 최대 시련이 닥쳤다. 출장을 가던 중 5톤 트럭이 그를 덮치는 대형사고로 중상을 입고 응급실로 실려갔다. 수술과 재활을 반복하며 몇 년을 시달리다 보니 몸이 70대 수준으로 망가졌다. 그때 사고 후유증으로 평생 자전거를 못 탈 줄 알았다.

하지만 지금 그는 젊은이 못지않은 '헐크' 체력의 주인공으로 변신하여 세상을 내려다보면서 고층자전거를 타는 즐거움에 흠뻑 빠져 살고 있다.

건강관리를 위해 평소에 꾸준히 운동하고 산행과 마라톤을 해온 결과다.

그는 세계의 고봉高峰들을 찾아서 해외 원정 등반을 했다. 세계 최고봉 에베레스트 등정 기록도 있다.

그의 꿈과 도전은 늘 현재 진행형이다. 고층 자전거로 더 높은 언덕도 오르고 싶고 급경사도 내려가 보고 싶어 한다.

"2000년 큰 사고를 당한 이후로는 평생 자전거를 못 탈 줄 알았는데 이렇게 타고 있으니 다시 태어난 기분입니다."

후원업체의 협찬으로 새로 만들어 타고 다니는 3단 자전거는 시속 최고 순간속도 50km로 고속주행도 가능하다.

"고층자전거를 타면 너무 행복하고 감사하죠. 세상을 내려다보는 재미도 있고요. 안 타본 사람은 그 기분 알 리가 없죠."

고층자전거와 함께 살아온 그는 자전거 분야에서 많은 활동을 하고 있다. 고층자전거로 세상을 내려다보면서 재능기부도 활발하게 하고 있다.

"고층자전거 붐을 일으켜 보고 싶습니다. 우선 2단 자전거부터 구상하고 있습니다. 2단 정도는 안전하고 누구나 탈 수 있거든요."

자전거를 탈 때는 안전의식이 필수다. 전국에 자전거 라이딩 붐이 일어나면서 안전사고도 크게 늘고 있는 추세다. 자전거 동호회에서 단체로 타다가 발생하는 사고도 많다.

"고층자전거로 일반자전거가 가는 길은 다 갑니다. 그 이상도 갑니다. 2단 자전거는 일반 자전거보다 높아서 시야 확보가 유리하기 때문에 오히려 더 안전하게 탈 수 있습니다."

체력이 받쳐주는 한 앞으로도 고층자전거를 계속 탈 생각이라는 그는 요즘 6층 자전거 도전에 나설 준비를 하고 있다. 만드는 비용이 어마어마해서(2억 추산) 그게 고민이다.

언제 어디서나 그가 있으면 그 자체로 특별한 이벤트가 된다.

서울시에서 매달 한 번씩 운영했던 '자전거 버스의 날' 서울 도심 일정 장소에 집결하여 고층자전거를 탄 그를 선두로 적게는 30명에서 많게는 100여 명까지 무리를 지어 친환경적인 자전거로 단체 출근하는 진풍경이 벌어졌다.

자전거는 2바퀴로 굴러가는 차다. 자동차와 마찬가지로 도로에서 자전거를 타고 가다 자칫 방심하면 큰 사고로 이어질 수 있다. 안전사고를 예방하기 위해서 그는 자전거를 안전하고 즐겁게 라이딩하는 지도 특히 그룹 지도를 많이 한다.

그 자신이 교통사고로 크게 다쳐 몇 년을 후유증에 시달리면서 병원비도 많이 들어갔고 운영하던 회사도 막바지까지 갔지만 지금은 잘 굴러가고 있다면서 환한 미소를 짓는다.

어전귀 고층자전거 달인은 경기도 안양에서 어전귀 자전거 TM&S(토탈멀티샵)을 운영하고 있다. 고층 자전거와 함께 울고 웃으며 40여 년 한길을 걸어온 경험과 노하우를 밑천으로 어전귀 자전거 연구소도 운영하고 있다.

"코로나19로 어려운 시기지만 운동을 원하는 사람들에게 맞는 자전거를 추천해주고 구해드리려 최선을 다하고 있습니다."

그런 노력은 결실로 이어졌다.

2021년 위아위스 시상식에서 어전귀 대표가 전국 자전거 판매왕 대상(플래티늄상)을 수상했다.

"2006년부터 장애인 봉사를 많이 해요. 재능기부도 하고 협찬이나 스폰서도 연결해주고 있습니다. 저를 '스폰'해주는 회사를 통해서 장애인 사이클선수 5명을 협찬해줬어요."

장애인 행사에 참여할 때마다 느낀 것이 많다는 그는 재능기부를 해주고 싶다고 해도 담당 공무원들이 너무 소극적이었다면서 경험담을 털어놓는다.

그에게 또 하나의 바람이 있다. 새로운 2층 자전거를 개발하여 세상을 내려다보면서 가장 안전하게 고층자전거 타는 즐거움을 함께 나누고 싶어 한다.

WILDS EFFECTER

Want | 미래에 이루고 싶은 꿈이나 목표가 있다면 어떤 것들이 있으신가요?

— 세상을 내려다보는 재미라는 슬로건을 내걸고 높은 자전거를 타고 있다. 언제나 자전거는 나의 도전
이며 목표이다. 제일 높은 자전거로 기네스북에 등재되었지만 제일 작은 자전거는 물론 언제나 새롭
고 기발한 자전거를 꿈꾼다. 자전거는 나의 몸과 마음의 건강을 지켜주었고 앞으로도 건강을 지켜주
리라 믿는다. 앞으로도 나의 삶의 동반자로 나의 몸이 허락하는 언제까지라도 함께할 것이다.

Imagine | 원하는 것이 이루어진 상태를 상상하면 어떤 모습인가요? 무엇이 보이고 들리고 느껴
지시나요?

— 자전거의 신, 자전거의 달인, 자전거의 명인, 명장 등 자전거세계에서 최고라는 수식어를 달며 살고
있다. 그에 걸맞은 건강한 모습으로 자전거와 함께 행복하게 미소 짓고 있는 모습이 그려진다.

Learn | 미래 성공 모습이 되기 위해 개발할 능력이나 학습하고자 하는 것들은 무엇인가요?

— 40년을 함께해온 자전거이기에 끊임없이 변화하는 자전거를 보아왔다. 앞으로도 꾸준히 자전거는
발전해 나갈 것이다. 변화하는 자전거에 앞장서서 자전거 분야의 장인으로 끝없이 학습하고 경험할
것이며, 안주하지 않고 창의성을 북돋아 새로운 자전거를 계속 찾아 선구자의 길을 걷겠다.

Declare | 꿈과 목표를 이룰 것을 세상에 선언한다면 무엇이라고 말씀하시겠습니까?

— 나 어전귀는 자전거를 사랑하며 많은 이들에게 자전거를 알리고 건강한 자전거 문화장착에 힘쓰며
100세까지 변함없이 자전거를 탄다.

Share | 자신의 성장과 성취를 통해 얻은 결실, 배움, 지혜 등을 누구에게 어떤 방식으로 나누거나
기여하고 싶으신가요?

— 세상에는 태어날 때부터 혹은 태어나서 예기치 못하게 장애를 안고 살아가야 하는 많은 사람이 있
다. 그들 중에 자전거를 만나고 자전거를 통해서 삶을 지탱하고 행복을 찾는 친구들을 돕고 싶다. 비
록 장애가 있지만 넘쳐나는 에너지를 운동으로 건전하게 해소하고 일부는 장애인선수로 활동하는
선수들이 있다. 지금도 후원행사와 프로모션 등으로 돕고 있지만 턱없이 부족함을 느낀다. 내가 힘
이 닿는 부분까지 나누고 보태어 함께 가고 싶다.

실패한 권투선수에서
컨디션 트레이너로 거듭나다

이
희
성

경쟁의 대열에서 잠시 뒤로 밀렸다고 좌절하거나 포기하지 말라. 평생을 놓고 볼 때 인생은 장기 마라톤과 같다. 살면서 좋은 날도 많지만 때로는 절망의 수렁에 빠질 수도 있다. 하지만 위기를 뒤집으면 기회가 된다.

실패한 권투선수에서 산업교육 명강사로 거듭난 컨디션 트레이너 이희성 코치가 그런 유형의 대표적 사례로, 일상생활 속에서 간단하고 쉽게 할 수 있는 방법으로 뱃살도 빼주고, 건강도, 컨디션도 끌어 올려준다.

이희성 코치는 최고의 승자만이 누릴 수 있는 영광의 벨트도 차보았고, 힘든 고비도 숱하게 겪었다. 돌이켜 보니 그가 경험한 과거는 모두 소중한 자산이었다.

실패는 똑같은 잘못을 반복하지 않는 법을 깨우치게 해준 수업료였다. 실패가 오히려 성공으로 이끄는 자극제가 되었다. 성공의 고지에 올랐다 하더라도 더 큰 욕심을 부리는 순간 나락으로 추락할 수 있다는 교훈을 얻었다.

이희성 코치는 누구도 따라 하지 못하는 자기만의 특기를 개발하여 컨디션트레이너로 잘 나가고 있다. 코로나가 오기 전前에 강의를 통해 벌어들이는 수입이 연봉 1억이었다.

오늘이 있기까지 이희성 코치의 삶은 극과 극이 교차하는 롤러코스터였다. 고교 성적은 뒤에서 전교 1등을 달렸으나 자신이 좋아하는 권투는 초롱초롱 빛나는 '별'이었다.

'새파란 나이'인 고3 때 프로복싱 신인왕에 올랐다.

그는 '세계 챔피언'을 목표로 매일 아침 2시간 동안 산악훈련을 했다. 그러나 무리한 훈련이 오히려 화禍를 불렀다.

무릎과 허리통증으로 꿈이 꺾이고 말았다. '인생의 전부'라고 믿었던 복싱을 못 한다는 좌절감에 두 번의 자살 기도……. 하지만 그는 결국 오뚝이처럼 다시 일어섰다.

그는 '코흘리개' 시절부터 권투선수가 꿈이었다. 동양 주니어웰터급 챔피언이던 이모부(이창길)의 경기 모습을 초등학교 때 TV로 지켜보면서 챔피언 꿈을 키웠다.

1980년 고1 때 권투 도장에 첫발을 내디딘 이후 1년간 아마추어 전적 1승 5패를 기록했다. 권투부가 없던 인문계 학교라서 어려움이 많았으나 기왕 시작했으니 1년만 더해보자는 생각으로 겨울방학 때 서울 송파구 천마산에서 매일 아침 이를 악물고 동계 산악훈련을 했다.

하루빨리 실력을 끌어올리겠다는 섣부른 욕심에 독기毒氣를 품고 훈련을 너무 '빡세게' 하다 보니 무릎에 이상이 왔다.

1982년 고3으로 올라가자마자 부산에서 열린 페더급 프로 데뷔전을 판정으로 이겼으나 두 달 후 벌어진 2차전에서는 판정패를 당하고 말았다. 그리고 한 달 뒤 KBS 전국 프로신인 선수권대회에서 페더급 신인왕에 올랐다.

다시 4개월 후 서울 장충체육관에서 태국 선수 '무왕수린'을 상대로 6라운드 KO승을 거뒀다. 고2 때 1승 5패의 초라한 아마 선수가 1년 뒤 프로 신인왕이 되고 4개월 만에 외국 선수를 상대한 국제경기에서 통쾌한 승리를 거둔 자체가 이례적이다.

신인왕에 오르고 다음 해 벌어진 1983년 2월 10일 프로 2차전에서 그전에 패했던 선수와 다시 맞붙어 4라운드 KO승으로 통쾌한 설욕을 했다. 무서운 상승세로 거침없이 뻗어나갈 것 같던 그의 화려한 복싱 인생은 거기까지였다.

그리고 한 달 뒤 열린 마산 경기를 2주 앞두고 허리와 무릎이 아픈 상태에서 담이 오는 바람에 연습을 못 했다. 체중감량까지 실패하는 최악의 컨디션으로 출전하여 3라운드 기권 KO패를 당하는 수모를 겪었다. 그 뒤로 병원에 다녔지만 무릎과 허리통증이 낫지 않았다.

몸이 아프면서 체중이 10개월 만에 22kg이나 불어났다. 그리하여 그토록 좋아하던 복싱을 접을 수밖에 없었다.

좌절감에 술로 세월을 보냈다. 싸움도 많이 했다. 술에 취해 싸움만 하면 얻어맞다가 어쩌다 정신이 든 상태에서 주먹이 나가면 한 방에 합의금으로 2,000만 원이 나갔다.

너무 괴로워서 술을 끊으려고 군에 입대했지만 술버릇은 고쳐지지 않았다. 1986년 12월 전역하여 마음을 다잡고 일자리를 찾던 중 아는 후배가 찾아와 이현세 만화 '지옥의 링'을 영화로 만든다는 소문을 전해주었다.

권투 영화를 만든다는 말을 듣고 배역을 맡을 욕심에 무작정 영화사를 찾아가 '프로권투 신인왕 출신'임을 밝히고 주연을 맡은 배우를 만나 무료로 복싱을 지도해주었다. 그러면서 감독 눈에 띄어 비중 있는 배역도 맡았다.

촬영 현장을 5개월 동안 열심히 따라다니며 공을 들였으나 술에 취해 감독에게 대드는 바람에 비중 있는 배역이 사라져 버렸다. 허탈감에 술을 다시 입에 댔다.

그리고 한강 다리에서 강물로 뛰어내렸으나 실패로 끝났다.

이후 마음을 고쳐먹고 건강식품 대리점을 열었다가 돈만 날렸다.

이제 죽기로 작정하고 수면제 20알을 소주에 타서 마시고도 용케 살아났다.

2차례 자살 기도를 하고 나서 뭔가 잘못됐다는 생각이 들었다. 그때부터 자연건강강좌를 듣기 시작했다. 그러면서 운동공학 트레이닝을 알게 되었고 운동공학협회장의 상담을 받았다.

'권투선수 신인왕 출신으로 항상 허리와 무릎이 아프다.'라고 했더니 회장은 '한쪽으로만 자세를 취하면 몸의 균형이 깨진다.'라면서 '반대쪽으로도 권투 동작을 해 줘야 몸의 균형이 잡혀 고질병을 고칠 수 있다.'라고 조언을 해주었다.

원래 오른손잡이였던 그는 그때부터 체육관에 가서 반대 자세로 권투를 했다. 평소 밥도 왼손으로 먹고 양치도 왼손으로 했다.

자연식이요법을 병행하면서 완전히 몸이 정상으로 돌아왔다. 몸의 균형을 잡으면 몸과 마음이 건강해질 수 있다는 사실을 그때 처음 알았다.

1년 6개월 동안 운동공학 피지컬 트레이닝을 받고 자격증을 땄다. 그리고 자격증을 믿고 취업에 도전했으나 뜻대로 안 돼 또 괴로웠다. 때마침 합기도장을 오픈한 선배의 잡일을 도와주면서 선배로부터 단전호흡(명상)을 지도받았다.

명상 중에 그동안 배운 기술이 너무 아깝다는 생각이 들었다. 그리하여 모교 핸드볼팀 감독을 찾아가 자청해서 무료로 선수들의 치료를 맡았다.

그의 피지컬 트레이닝을 받고 허리를 고친 학생의 부탁으로 선수 어머니의 허리 교정을 해주자 소문을 듣고 동네 사람들이 몰려왔다.

1993년에는 서울 송파구 오금동에 바른자세건강교실을 오픈하여 반포와 방이동을 거쳐 1999년 일산으로 이전하였으나 IMF 여파로 적자를 면치 못했다. 그리하여 그렇게 많이 마시던 술을 1996년 3월 10일부터 완전히 끊었다. 그날 이후 지금까지 술을 안 마신다.

1999년 너무 생활이 어렵고 장래가 불안한 상태에서 읽은 책 한 권이 그의 인생을 바꾸었다.

"한 번뿐인 내 인생 어떻게 살 것인가'를 읽고 나서 1,000만 원만 벌자고 목표를 세웠습니다. 그 꿈을 이루기 위해서 강의를 했죠. 그게 지금의 출발입니다."

컨디션 트레이닝은 2003년 그가 관련 서적을 집필하면서 처음 쓴 용어로 직장인들이 사무실에서 쉽고 재미있게 운동할 수 있도록 개발한 트레이닝이다. 호흡, 자세를 이용해서 가장 짧은 시간에 가장 좋은 컨디션으로 만들어주는 기술이다.

컨디션 트레이너는 국내에서 그가 유일하며, 코로나 이전에는 컨디션 트레이닝 강의를 전국으로 다녔다. 강의를 통해 벌어들이는 수입이 연봉 1억이었다. 2000년부터 강의를 시작하여 삼성전자, 전경련, 현대자동차, 관공서, 국공립대학, 청와대 등 안 가는 데가 없었다.

기존의 건강강의는 대부분 이론 위주였다. 그러나 그는 다르다.

아무리 좁은 실내공간이라도 강의 중에 운동을 직접 체험하면서 강의 속으로 빠져든다. 한번 강의를 받으면 다음 강의를 요청해오는 식으로 강의 횟수가 늘어나 오늘에 이르게 되었다.

방법을 모르고 잘하려는 욕심에 너무 무식하고 혹독하게 운동하다가 몸이 망가져 복싱을 그만둔 그가 오히려 그 실패 경험을 살려서 컨디션 트레이너로 잘 나가는 이유다.

1,000만 원 목표는 2년 만에 이루어졌다. 그 과정이 재미있다.

연세대학교 야구팀을 찾아가 자청해서 선수 트레이닝을 무료로 해주었더니, 감독님과 코치가 실력을 인정해주었다.

그해 가을 영화배우 아리랑 축구단을 창단한다는 기사를 보고 이민용 감독을 찾아가 영화팀 트레이너도 자청했다. 운동을 재미있게 해주니까 영화배우들이 추천해서 2000년 6월 5일부터 뉴코아 백화점 직원들 강의를 시작했다.

그리고 지금은 명강사로 꿈과 희망을 나눠주는 삶을 살고 있다.

선수들을 트레이닝했던 스포츠마사지, 스트레칭, 피지컬 트레이닝과 체력단련 및 재활훈련 등의 노하우를 종합해서 운동이 부족한 직장인들에게 운동할 수 있는 동기부여를 확실하게 심어준다.

쉴 새 없이 몸을 계속 움직이게 만드는 그의 강의가 끝날 때면 강의를 듣는 사람들도 몸이 말을 들으니까 자신감이 넘쳐나서 활동적이고 긍정적인 마인드로 변한다.

가장 짧은 순간에 엄청난 변화의 동기부여를 그렇게 일으켜 준다.

강남 영동고등학교 때 성적이 932명 중에 932등으로 거꾸로 1등이었다는 비화도 서슴없이 털어놓는다.

바닥까지 쳤다가 정상으로 솟아오른 그를 보면 나도 할 수 있다는 용기와 희망이 샘물처럼 솟아오른다.

코로나로 경제가 꽁꽁 얼어 붙었지만 그는 개의치 않는다. 최악의 위기가 닥칠 때마다 스스로의 힘으로 극복하고 상황을 뒤집어 기회로 만들어온 자신의 저력을 믿는다.

WILDS EFFECTER

Want | 미래에 이루고 싶은 꿈이나 목표가 있다면 어떤 것들이 있으신가요?

— 체육관과 강의장 오픈. 복싱선수 시절 디스크와 관절염 등의 부상을 피지컬트레이닝으로 고친 경험을 활용하여 스트레스, 운동 부족, 뱃살로 고생하는 현대인들의 고민을 해결해주고 싶다. 누구나 쉽게 일상에서 따라할 수 있는 호흡법, 식사요법, 운동 방법을 통해 건강 문제를 회복시켜주는 것이다.

Imagine | 원하는 것이 이루어진 상태를 상상하면 어떤 모습인가요? 무엇이 보이고 들리고 느껴지시나요?

— 우리가 깊이 있게 모르는 호흡법, 음식 요법, 운동요법 등을 깨우치게 하여 전국에서 건강을 회복한 사람들이 SNS를 통해 고맙다는 인사를 건넬 때 흐뭇하다.

Learn | 미래 성공 모습이 되기 위해 개발할 능력이나 학습하고자 하는 것들은 무엇인가요?

— 누구나 성공하고 건강하고 싶어하지만 성공하고 건강한 사람은 극히 드물다. 그래서 성공법과 건강법에 대한 나의 체험과 토론으로 누구나 성공과 건강에 대한 철학을 공부하고 나누는 것이다.

Declare | 꿈과 목표를 이룰 것을 세상에 선언한다면 무엇이라고 말씀하시겠습니까?

— 나 이희성의 꿈은 컨디션트레이닝센터 운영과 제자 양성이다. 이를 실천하기 위해 지금도 꾸준히 명상과 이미지트레이닝을 하고 있다..

Share | 자신의 성장과 성취를 통해 얻은 결실, 배움, 지혜 등을 누구에게 어떤 방식으로 나누거나 기여하고 싶으신가요?

— 컨디션트레이닝 강의장에서 교육생들에게 호흡법, 식사법, 운동법을 체험시킨다. 강의를 들은 교육생들이 회사나 집으로 돌아가 동료와 가족들에게 건강법을 전파하여 나비효과를 기대한다.

WILDS

잠시 눈을 감고 심호흡을 한 후, 마음을 가다듬고
다음의 각 질문에 자신의 생각을 적어보시기 바랍니다.

꽃

정신적 풍요와 물질적 풍요를 누릴 수 있는
가장 효과적이고 효율적인 방법 중 하나는 감사하는 마음이다.
— WILDS —

◆ 오늘도 자신에게 감사한 것이 있다면 무엇이 있을까요?

◆ 오늘도 생각나는 감사한 사람이 있다면 누구인가요?

◆ 오늘도 감사한 일이 있다면 무엇인가요?

'운전은 내 친구' 취미와 적성을
천직으로 택한 여성 개인택시기사

임

춘

열

언제 들어도 박력 있고 명랑한 목소리.

운전대를 잡아야 스트레스가 풀리고 엔도르핀이 솟는다는 1955년생 임춘열 여사는 서울에서 개인택시를 몰고 있다. 취미가 운전이고 사람 만나기를 좋아해서 적성을 살려 택한 천직이다.

몸에 밴 서비스 정신으로 친절한 시민의 발이 되어 안전하게 손님을 모시는 모범 기사다. 직업에 대한 자부심도 강하다. 자신이 좋아하는 일을 마음껏 즐기고 직업으로 삼아 수입도 올리니 행복한 사람이다.

세상에서 가장 선호하는 직업이 무엇이냐고 묻는다면 제1지망으로 여러분은 무슨 직업을 선택하겠는가! 십중팔구는 어깨에 힘이 들어가고 멋있는 직업을 고를 것이다. 하지만 세속의 잣대와는 전혀 다른 직업을 제1지망으로 골라잡을 수도 있다. 임춘열 씨도 바로 그런 사람이다.

임춘열 씨는 2003년 3월부터 마을버스를 1년 2개월 몰다가 2005년 7월 KD운송그룹에 입사하여 2006년 12월 19일부터 2016년 5월까지 버스 기사로 근무했다. 그리고 정년퇴직 후 2017년 1월부터 개인택시를 몰고 있다.

"버스 운전이 적성에 딱 맞고 좋더라고요."

2011년 4월에 여성 버스 기사 임춘열 씨를 인터뷰하면서 들은 첫 마디다.

결혼해서 전업주부로 살다가 KD운송그룹 경기고속 여성 기사 채용 광고를 보고 지원하여 100대 1의 치열한 경쟁을 뚫고 운전대를 잡았다.

버스를 몰아보니 운전이 적성에 딱 맞는다면서 환하게 웃던 '앙드레 김이 디자인한 유니폼이 어울리는 여자' 임춘열 씨의 모습이 아직도 눈에 선하다.

임춘열씨는 2011년 서울 강변~덕소 구간을 운행하는 15번 버스를 몰았다. KD그룹 전체 버스 기사 8,000명 중에 여성 기사는 140명으로 2%가 채 안 됐다. 그중에 한 명이 임춘열 기사였다.

"결혼해서 전업주부로 살다가 문뜩 내 나이(45)에 미안하더라고요. 그래서 45세 때 '50이 되면 너(50)를 취업해서 맞이하마.' 생각했어요. 그때부터 내가 오랫동안 할 수 있는 일을 찾아보니까 바로 운전이더라고요."

그는 전업주부에서 버스 기사로 인생 유턴을 결심하고 2003년 1월 대형 1종 면허에 도전하여 한 번에 땄다. 버스회사에 취직하여 60까지 일하고 정년퇴직하면 개인택시 뽑아 70까지 일하겠다고 쉽게 생각했다.

쇠뿔도 단김에 빼라고 면허 취득한 지 2개월 후인 2003년 3월부터 마을버스를 14개월 몰다가 2005년 7월 KD운송그룹에 입사하여 2006년 12월 19일부터 버스를 운전했다.

겁 없이 버스회사에 들어와 큰 차를 운전하면서 초반에 실수가 많았다. 하지만 얼마 안 가 자타가 공인하는 모범 기사로 인정받았다.

"버스를 몰면서 서민층을 많이 접했어요. 서민들이 대중교통 이용하잖아요. 서민들은 물질적 여유가 없어서 그런지 작은 삶에 만족하고 단순해서 행복 찾기가 쉬운 것 같아요."

15번 버스를 몰면서 직업에 대한 자부심이 강하고 뿌듯할 때도 많았다.

"단골 승객이 KD그룹 인터넷에 저를 친절사원으로 추천하는 글을 익명으로 올렸어요. 그런데 사내 직원이 답글로 '늘 친절사원으로 오르는 분'이라고 쓴 글을 보고 더 기분이 좋았어요."

대형 버스를 장시간 운전하면 체력소모가 엄청나다. 체력이 받쳐주지 못하면 웬만한 남자도 오래 버티기 힘든 직업이다.

"대형 버스 운전은 여자 직업은 아니라고 봐요. 집안일과 병행하려면 슈퍼우먼이 돼야 하잖아요. 그런데 도전해볼 만한 매력은 있지요."

그녀가 생활체육에 매달리는 이유가 바로 그 때문이다. 한때 배구부 주전 센터이자 선수 주장을 맡기도 했다는 그는 배드민턴도 수준급으로 지금도 체력은 국력이라는 신조로 쉬는 날에는 운동한다.

버스를 몰면서 해프닝도 많았다. 하루는 출근 시간대에 직진에서 좌회전으로 신호가 바뀌면서 경찰이 버스를 세웠다.

"그래서 물었어요. '나으리! 지금 이 상황에서 세울 수가 없습니다. 승객이 초만원이라 급정거하면 한쪽으로 쏠리잖아요. 넘어지면 다치거든요. 그래도 경찰이 딱지를 끊겠다는 거예요?'

그런데 바로 그 순간 뜻밖의 상황이 벌어졌다. 그녀가 몰던 15번 버스에서 하차한 남자 승객 두 명이 다시 와서 경찰관에게 말했다.

"'저 여기사님은 철저히 안전 운전하시는 분입니다. 절대로 교통 위반할 분이 아닙니다. 이번 상황은 승객들 안전을 위해서 어쩔 수 없이 한 행동입니다.' 그렇게 제 편을 들어주시는 거예요. 그래서 제가 승객들한테 덕을 많이 본다고 생각했죠."

그가 경찰과 옥신각신하는 모습을 버스에서 내린 승객이 먼발치에서 보고는 되돌아와서 두둔해 주는 바람에 그는 사태를 쉽게 해결할 수가 있었다.

"저는 운전이 적성이 딱 맞아요. 원래 사람을 좋아하거든요. 제 차를 타고 내리는 분들에게 제가 먼저 인사해요. 승객이 먼저 저에게 인사할 때도 있고요. 그럴 때 뿌듯하죠."

친절하면 임춘열이다. 친절상▓ 수상 단골로 2009년에는 한 해에 무려 4번이나 회사에서 주는 친절상을 탔다.

그에게도 아찔한 순간이 있었다. 공교롭게도 입사해서 1년이 다 돼가던 날 교통사고를 냈다. 인사사고로 징계위원회까지 올라갔다. 입사 후 최대 위기였다. 그때를 교훈 삼아 안전 운행을 생명처럼 준수하고 있다.

"기사로서 안전 운전과 친절은 기본이죠. 겉치레 친절은 안 통해요. 승객이 먼저 알아보거든요. 저한테는 큰 회사가 적성에 맞아요. 규정만 잘 지키면 되니까. 회사에서 열심히 일하고 정년 후 개인택시 뽑아서 70살까지 운전대를 잡을 계획입니다."

2011년 기자와의 인터뷰 당시 임춘열 씨가 했던 말이다. 자신한테는 소심하고 남한테는 관대한 성격이라고 스스로를 진단한다. 버스 운전하면서 일부러 주머니에 1,000원짜리 지폐 몇 장을 넣어서 다녔다. 이유가 있다.

5남매에 엄마·아빠와 할머니가 한집에 사는 초·중학생 형제가 안쓰러워 1,000원을 손에 쥐여주는가 하면 중학교 들어간다는 말을 듣고 빵, 우유 사 먹으라고 5,000원을 준 적도 있다.

운전이 즐겁고 적성에 딱 맞는 여자, 그녀가 모는 차를 타면 승객도 즐겁고 정월 초하루처럼 사람을 좋아하는 그 또한 기분이 좋다.

임춘열 씨는 2017년 1월부터 개인택시를 몰고 있다. 기쁠 때나 슬플 때나 눈이 오나 비가 오나 바람이 부나 변함없이 서민의 든든한 발이 되어주고 있다.

전업주부로 있다가 50대에 버스회사에 취직하여 신나게 버스를 몰다가 정년퇴직한 이후에도 '예나 지금이나 운전은 내 친구'라고 쾌재를 부르며 시민의 발이 되어주고 있다.

당당하고 자부심 넘치는 임춘열 택시 기사의 삶은 현역에서 물러나 인생 2막을 살아가는 은퇴 세대들에게 많은 교훈과 메시지를 던져 준다.

WILDS EFFECTER

Want | 미래에 이루고 싶은 꿈이나 목표가 있다면 어떤 것들이 있으신가요?

— 행복은 크고 멀리 있는 게 아니고 나에게 가까운 곳에 있다는 것을 알았다. 둔탁해지는 50~60대들과 시민의 발이 되어 두 귀로 경청하고 마음을 열어 토론을 하고 싶다.

Imagine | 원하는 것이 이루어진 상태를 상상하면 어떤 모습인가요? 무엇이 보이고 들리고 느껴지시나요?

— 뒤늦게 도전한 여성 버스기사로 50대에 운전대를 잡기 시작하여 남자 동료들 틈에서 어깨를 나란히 하며 일하던 열정을 되살려 모범택시 기사로 시내를 달린다. 아름다운 사회, 약자를 도와야 한다는 생각, 그리고 꿈은 이루어진다는 사실을 믿고 소시민의 자부심으로 운전을 하는 하루하루가 즐겁다.

Learn | 미래 성공 모습이 되기 위해 개발할 능력이나 학습하고자 하는 것들은 무엇인가요?

— 외국어를 공부하고 싶다.

Declare | 꿈과 목표를 이룰 것을 세상에 선언한다면 무엇이라고 말씀하시겠습니까?

— 나 임춘열은 꿈과 열정을 먹고 사는 사람이다. 꿈이 없으면 혈관에 피가 없는 느낌이다. 설령 꿈을 이루지 못했다고 슬퍼하거나 실망하지 않는다. 묵묵히 인내하고 노력하면 언젠가는 꿈은 반드시 이루어진다는 믿음이 있다.

Share | 자신의 성장과 성취를 통해 얻은 결실, 배움, 지혜 등을 누구에게 어떤 방식으로 나누거나 기여하고 싶으신가요?

— 나는 아직도 에너지가 넘치고 왕성하다. 시민의 발로 뛰면서 만나는 사람들의 다양한 지혜와 조언을 귀담아듣고 다듬어서 50~60대 전업주부들에게 들려주고 싶다.

청와대 가족구두 만든 수제화 명장
JS슈즈디자인연구소 대표

전
태
수

전태수

서울 성수동 수제화의 거리에 가면 50년 내공으로 명품 구두를 만드는 구두 명장을 만날 수 있다. 수제화 전문업체 JS슈즈디자인연구소 전태수 대표가 그 주인공이다.

성수동 수제화의 산증인으로 52년 경력 중 41년을 성수동에서 작업해 왔다.

2017년 한미 정상회담에서 TV 화면에 클로즈업되었던 버선코 꽃신을 기억한다. 당시 문재인 대통령 영부인 김정숙 여사가 신었던 버선코 구두와 미국 트럼프 대통령의 딸 이방카가 신었던 빨간 꽃신이 바로 전태수 장인의 작품이다.

전태수 명장의 구두를 안 신어본 사람은 있어도 딱 한 번만 신어본 사람은 없다. 전태수 명장의 명품 구두를 신어본 사람이라면 1년이고 5년이고 10년이고 계속 다시 찾아온다는 설명이다.

고객들의 전폭적인 신뢰를 한 몸에 받는 덕분에 굳이 광고를 안 해도 전태수 명장이 성수동을 떠나지 않고 수제화의 거리 터줏대감으로 자리를 지킬 수 있었다.

평생 구두를 만들며 살아온 '수제화의 고수'를 찾아오는 사람들의 방문 이유와 목적도 다양하다.

정치인, 재계 인사, 연예인, 가수, 대학 총장들이 전태수 명장에게 구두 제작을 의뢰하고 구두 디자이너들이 찾아와 노하우를 배워갔다.

전태수 명장의 손에서 탄생한 구두는 디자인이 세련되고 착용감이 좋아 직장인들에게도 인기를 얻고 있다.

전태수 장인에게 수제화는 그의 분신이나 다름없다. 한 사람만을 위해 세상에 하나밖에 없는 구두를 만든다.

길거리에 나가서 지나가는 사람들의 걸음걸이를 면밀하게 관찰하고 디자인을 연구하는 등 피나는 노력과 집념이 오늘의 그를 있게 한 원동력이다.

전태수 명장은 강원도 홍천에서 초등학교를 졸업하고 구두 기술을 배우기 위해 1969년 서울로 올라왔다. 14살 때 영등포 구두공장에서 허드렛일로 구두 인생을 시작하여 지금까지 52년째 구두 제작으로 한 길을 걷고 있다.

영등포의 지하실에서 숙식하면서 곁눈질로 기술을 배우기 시작하여 서울역 염천교 구두 골목을 거쳐 명동의 고급 제화기업에 입사해서 패션과 디자인을 익혔다.

회사에 11년간 근무하면서 유럽, 홍콩, 일본 등 해외 출장을 많이 다녔다. 덕분에 선진국 유명 브랜드 슈즈 공부를 많이 했다.

1980년 회사에서 나와 성수동에 직접 수제화 공장을 차렸다.

14살에 구두공장에 들어가 허드렛일부터 시작하여 맞아가면서 기술을 배워 20대에 어엿한 사장이 되었다. 그 공장은 IMF 전까지는 잘 굴러갔다. 따라서 직원도 충원하고 회사 규모도 커졌다.

그의 탁월한 손재주는 타고났다. 그가 어렸을 때 부친은 시골 대장간에서 낫, 칼, 호미, 괭이 등 무슨 연장이든지 척척 만들어내는 장인이었다.

부친으로부터 장인의 유전자를 물려받은 손기술로 구두 만드는 일에 평생 뼈를 묻고 살아온 전태수 명장을 당해낼 자가 누가 있으랴!

성수동 수제화 거리의 출발은 50년 전으로 거슬러 올라간다.

1980년대 고급 수제화 '살롱화'로 명성을 날리던 맞춤 구두 판매장과 공장들이 비싼 임대료를 감당하기 어려워 성수동으로 옮겨오면서 역사가 시작되어 1990년대 이후 본격적으로 수제화 거리가 형성되었다.

1997년 말에 터진 IMF 외환위기 여파로 '살롱화' 붐이 꺼지면서 구두 공장들이 대거 성수동으로 이전했다.

한때 성수동 구두 거리는 1천여 곳에 달하는 수제화 생산업체와 중간가공, 원부자재, 판매 사업장이 성업을 이루기도 했으나 현재 500여 곳이 명맥을 이어가고 있다.

중국산 저가공세에 밀려 많은 어려움에 부닥쳐있지만 지금도 성수동 수제화 거리는 대한민국 수제화 1번지로 국내 수제화 제조업체의 70%가 밀집해 있다.

전태수 명장도 IMF 파고를 피해 가지 못했다.

1997년 말 한반도를 강타한 IMF로 그동안 일군 모든 것이 한순간에 날아가고 최악의 위기를 맞기도 했지만 기술을 밑천 삼아 한눈팔지 않고 묵묵히 버틴 끝에 다시 일어섰다.

격렬한 춤을 추는 가수, 안무가 등이 전태수 명장이 만든 슈즈를 선호하는 이유가 있다.

좋은 신발은 좋은 브랜드가 아니다. 발이 편하고 착용감이 좋은 신발이 좋은 신발이다. 몸의 균형이 맞지 않으면 발에 피로가 쌓인다. 편한 신발을 신으면 몸의 균형도 잡아주고 발의 피로감도 사라진다.

전태수 명장이 운영하는 JS슈즈디자인연구소는 성수역 3번 출구에서 281m 거리에 있다. 연구소에 들어서자 1층 매장을 가득 채운 명품 구두가 시선을 사로잡았다.

제품의 색상도, 종류도, 디자인도 다양해서 깜짝 놀랐다. 빨려 들어갈 정도로 강렬한 색상에서부터 황금빛, 꽃무늬 등 마치 국제 전시장에 온 느낌이 들었다. 특히 부츠, 뾰족구두, 굽 없는 신발 등 여성용 수제화에 눈길이 쏠렸다.

이 멋진 수제화들은 언제 어떤 주인을 만날까? 수제화들이 저마다의 화려함을 과시하며 진열대에서 자신들의 짝이 되어줄 주인을 기다리고 있다.

명품 구두에는 장인의 혼이 깃들어 있다. 전태수 명장은 'JS슈즈'에 대한 자부심과 애착이 남다르다. 장인의 혼을 담는다는 철학으로 한 땀 한 땀 손으로 꿰매 감촉이 부드럽고 편안한 명품 수제구두를 제작한다.

발의 형태와 개성에 따라 굽 높이, 키 높이, 발볼 넓이 및 가죽 재질, 색상 선택 등을 소비자가 원하는 대로 제작할 수 있다. 왼발과 오른발의 미묘한 차이까지도 반영한다.

공장에서 대량으로 찍어내는 기성화와 달리 명장의 손으로 빚어내는 수제화는 한 켤레가 완성되기까지 그만큼 시간이 오래 걸린다.

제작 공정이 번거롭고 복잡하다. 발 모양과 사이즈를 측정하고, 수제화의 기본 발 틀, 목형을 만들고, 사용 용도와 디자인을 결정하고, 가죽을 재단, 가봉한다. 구두의 형태를 잡아주기 위해서 가죽을 잡아당겨 고정하고 열을 가하는 과정도 중요하다.

연구소 2층은 사무실과 작업실이다.

전태수 명장은 구두 제작뿐 아니라 각종 디자인 연구와 소재 개발에도 많은 공을 들이고 있다.

국내 구두 제작기술은 세계 수준에 뒤지지 않는다고 자부한다. 수제화 관련 인프라를 잘 갖추고 구두 장인을 체계적으로 양성한다면 수제화의 한류도 가능하다고 본다.

이탈리아와 독일의 수제구두가 세계적 브랜드로 명성을 얻기까지는 정부의 체계적인 지원이 있었다.

전태수 대표가 구두박물관 건립과 수제화와 관련한 인프라 구축에 그토록 큰 관심을 두는 이유다. JS슈즈는 전태수 명장의 자존심이고 자부심이다.

구두박물관이 있으면 장인의 혼이 담긴 전태수표 명품 구두 'JS슈즈'

를 전시하고 한국을 방문하는 관광객들에게 수제화의 한류 바람을 기대할 수 있다고 본다.

　전태수 대표는 2016년 대한민국 여성 구두 명장 1호로 선정되었으며 2021년 2월 수제화 명인으로 인증받았다.

Want | 미래에 이루고 싶은 꿈이나 목표가 있다면 어떤 것들이 있으신가요?

— 저는 구두박물관을 꼭 만들었으면 하는 바람이며 벌써 67세라는 나이를 먹고보니 마음이 조금은 조급해집니다. 그러나 꿈을 꾸는 사람은 꼭 이루어진다라는생각으로 오늘도 파이팅을 외칩니다. 미래에 후진 양성을 위해서라도 반드시 해야 할 사업입니다. 해왜에서도 우리나라로 유학을 오게 해야 합니다.

Imagine | 원하는 것이 이루어진 상태를 상상하면 어떤 모습인가요? 무엇이 보이고 들리고 느껴지시나요?

— 동남아는 물론이고 중국, 일본, 베트남 등 글로벌한 박물관을 생각하고 있습니다.

Learn | 미래 성공 모습이 되기 위해 개발할 능력이나 학습하고자 하는 것들은 무엇인가요?

— 우리의 뛰어난 손기술은 이탈리아를 뛰어넘어 세계 최고라는 것을 보여주고 싶습니다.

Declare | 꿈과 목표를 이룰 것을 세상에 선언한다면 무엇이라고 말씀하시겠습니까?

— 나는 꿈을 이루기 위해서 하루도 쉬지 않고 마래를 생각하고 일을 하다 보면 즐거워집니다.

Share | 자신의 성장과 성취를 통해 얻은 결실, 배움, 지혜 등을 누구에게 어떤 방식으로 나누거나 기여하고 싶으신가요?

— 후진 양성을 하고 제자들을 많이 배출하고 싶습니다.

3장

Learn :

살아있는 동안
배워야 한다

시간부자로 살아가는 시니어블로그 전도사
사단법인 시니어블로거협회 회장

김
봉
중

현역에서 은퇴한 시니어들은 남는 시간이 많다. 대부분 시니어들은 하루를 어떻게 보내야 하는지 고민을 한다.

사단법인 한국시니어블로거협회(https://cafe.naver.com/sbckorea) 김봉중 회장은 남는 시간을 효율적으로 즐기고 관리하는 '시니어 여가시간 관리' 전문가다.

주 5일 근무제 바람이 불기 시작한 2003년부터 이 문제를 파고들었다. 남보다 한발 앞서 내공을 다져온 블로그 노하우를 발판으로 한국시니어블로거협회를 창립하여 운영해오면서 블로그 마니아이자 시니어블로그 전도사로 분주한 나날을 보내고 있다.

시니어문제에 일찌감치 뛰어들어 관련 연구와 커뮤니티 활동을 계속해온 김봉중 회장은 고령화 시대 노후 대비와 시니어 문제 해결도 블로그에 답이 있다고 말한다.

김봉중 회장은 블로그를 잘 활용하면 친구도 될 수 있고 명함으로 활용할 수 있어 일석이조라며 시니어들에게 특히 블로그 사용을 권장

한다.

외롭고 쓸쓸한 시니어들의 남는 시간도 블로그를 통해 유용하게 보낼 수 있고 블로거 친구들과 서로 소통하며 정보도 공유할 수 있다고 강조한다.

1951년생인 김봉중 회장은 보험회사 상무로 근무하다가 명예퇴직한 2003년, 52세부터 19년째 네이버 블로그를 운영하고 있다.

그동안 우리나라의 '내노라'하는 시니어 블로거는 대부분 그의 블친(블로그 친구)이 되었다. 시니어들의 경험과 정보를 한데 묶어서 시니어사회에 도움이 되어야 하겠다는 사명감이 그를 움직이게 만들었다.

김봉중 회장은 시니어들의 경험과 정보를 한데 묶어서 시니어 사회에 도움을 주겠다는 취지로 시니어 블로거 15명을 규합하여 2015년 1월 한국시니어블로거협회를 창립하고 꾸준히 활동영역을 확장해 나가고 있다.

블로그를 열심히 운영하여 본인의 삶에 질의 변화를 추구함은 물론 협회활동으로 이웃 시니어에게도 긍정적인 영향을 주려는 사람들이다.

김봉중 회장은 협회를 6년째 운영해 오면서(시니어타임스) 신문 창간, 유튜브 한국문화TV 개국, 출판사 설립 등 많은 일을 했다. 협회도 사단법인으로 성장하였다.

시니어블로거협회는 방대한 스토리 창고다. 회원이 2,000명을 돌파했으며 3만 건 이상의 콘텐츠가 저장돼 있다. 매일 수십 건의 글, 사진, 영상과 100개 이상 댓글이 올라오는 시니어의 대표 소통 채널로 자리 잡았다.

시니어블로거협회에 들어오면 누구라도 새 친구를 만날 수 있으며 평생 학습하고 즐거운 마음으로 건강하게 지낼 수 있는 지혜를 얻을 수 있다.

김봉중 회장은 협회를 이끌어 오면서 활동한 내용을 담아 책(일과 친구가 있는 작은 세상)을 저술했다. 회원 48명의 글과 영상도 각각의 QR코드와 함께 실어서 핸드폰을 켜놓고 연동해서 읽는 책이다.

책을 읽다가 관심이 끌리는 회원의 QR코드에 초점을 맞춰 스마트폰을 연결하면 책 한 권으로 저자를 포함한 49명의 글과 전국 160여 개의 둘레길, 제주 오름 오르기 영상 등 1만여 편의 콘텐츠를 볼 수 있다는 점이 흥미롭다.

한국시니어블로거협회가 만드는 신문 시니어타임스도 읽을거리가 많다. 시니어 세대를 독자층으로 하는 신문의 특징은 정치관련 기사를 배제하고 긍정적인 기사를 원칙으로 하며 정보성 기사와 기자의 직접 체험이 담긴 기사를 쓴다.

김봉중 회장은 아이디어 뱅크로 통한다.

그는 '집콕'을 탈출할 수 있는 수단으로 협회 차원에서 건강 걷기를 실시하고 있다. 걷기 운동은 물론 서울여행도 되는 '서울 걷기 3시간 코스'를 협회가 60개를 개발하여 5년째 운영하고 있다.

요즘같이 외출이 두려운 코로나19 시국에도 거리두기와 정부 방역 지침을 준수하며 지역 비콤 단위로 2~4명이 함께 하는 야외 걷기 운동은 밀접 접촉을 피하고 건강까지 챙길수 있는 1석2조가 아닐 수 없다.

여기에 더하여 '줌 & 대면' 연계교육을 실시하고 한국문화 콘텐츠 유튜버(영상 크리에이터) 양성에도 힘쓰고 있다.

HumanBooks 코너도 있다. 협회의 운영위원과 HumanBook 위원이 회원들의 발전적인 시니어 생활, 블로그 활동을 위하여 도서관의 책과 같은 역할을 한다. 도서관에서 책을 대출해 보거나 열람하듯이 운영위원과 휴먼북위원을 면담 요청할 수도 있다.

월요브런치클럽Brunch Club on Monday : BCoM 활동도 활발하다.

서울 전역에 본부를 포함하여 강남, 강동, 강북, 강서, 관악, 광진, 구로, 금천, 노원, 도봉, 동대문, 동작, 마포, 서대문, 서초, 성동, 성북, 송파, 양천, 영등포, 용산, 은평, 종로, 중랑 등 25개 지역단위로 비콤BCoM 모임이 있다.

매주 월요일 아침 10시에 지하철 역세권 브런치카페에 회원들이 모여서 지난주에 작성한 블로그 포스드를 중심으로 2시간 동안 정보 교환 등 클럽활동 후 점심을 함께 하며 친교를 다지는 시니어블로거커뮤니티Senior Blogger Community다. 쉽게 말하자면 시니어를 위한 블로그 개별지도 및 블로거들의 지역별 친목 모임이다.

비콤 모임에 참석하는 회원들에게 원칙이 있다. 1주일을 시작하는 월요일이므로, 주간 사회활동을 시작하는 외출 수단으로 삼는다. 블로그는 SNS활동의 기본, 블로그하는 습관이 생기도록 우선은 열심히 참여한다.

회원이 발표하는 포스트에서 나에게 맞는 정보를 취득하고 주간 계획에 참고한다. 구속감 없이 느슨한, 언제 만나도 따뜻한, 정보가 있어 설레는 모임으로 참여한다. 회원끼리 서로 돕고, 격려하고, 지역사회에도 봉사하는 시니어 단체로 성장시켜 나가고 있다.

　대도시 시니어들이 대부분 아파트 생활이다 보니 친구나 이웃이 없고 찾아갈 지역단위의 커뮤니티도 찾기 힘들다. 이를 극복하고자 시간이 많은 시니어 블로거들이 중심이 되어 주기적으로 모임을 갖자는 아이디어를 냈다.

　기왕이면 일주일의 첫날에 첫 출근하는 기분으로 월요일에 모여 블로그를 매체로 대화하고 향촌의 마을회관같이 동네정보를 교환하고, 친구도 사귀고, 일도 만들자는 취지다.

　한국시니어블로거협회가 KDB 나눔 재단에 후원을 신청하여 채택된 아이디어가 바로 비콤의 탄생 배경이다.

　한국시니어블로거협회는 시니어가 블로그를 해야 하는 이유 5가지를 들었다. 그 내용이 흥미롭다.

　시니어는 시간부자다. 블로그는 이제 글 잘 쓰기와는 무관하다. 스마트폰 사진블로그가 대세다.

　블로그는 나를 홍보하는 최고의 명함이다. 블로그만 잘 가꾸면 노후가 형통한다. 블로그는 인적 연고 중심에서 역세권, 동호인 중심의 수평적 친구를 만들어 준다. 블로그는 1인 정보채널이다. 시니어에게 필요한 정보 소외로부터 강자가 된다.

　김봉중 회장은 두 개의 별명을 갖고 있다. 'Bond'와 '시간부자'다. 김봉중 회장이 정의하는 시간부자는 어떤 때이든 '내 의지로 소중한 것을 먼저 할 수 있는 사람'이다.

시니어는 반드시 시간부자로 살아야 한다. 시니어 시기는 기억력, 적응력, 체력의 저하에 더하여 정보력도 약하다. 성공했던 경험, 경륜만큼 내 생각이 제일이라는 아집 때문에 옆에 와있는 정보도 보이지 않는다.

시간부자가 되어서 부족한 부분을 충분히 보전할 수 있을 때 비로소 '진정으로 시간부자로 산다.'고 말 할 수 있다. 시간부자로 살아온 김봉중 회장이 체험을 통해 얻은 결론이다.

김봉중 회장은 '시니어 모바일-라이프 10계명'을 제시한다.

1) 잘 놀자: 이젠 잘 노는 게 우선이다. 인생에서 나만의 행복을 추구할 유일한 시기다.

2) 일을 해라, 만들어서라도 해라: 돈 버는 일이 아닌 의미 있는 일을 하는 시기다.

3) 노는 것과 일하는 시간을 구분하지 마라: 모바일로 하면 때와 장소의 구별이 없다.

4) 100세까지도 평생학습이다: 인간은 호기심 충족, 학습에서 행복을 느낀다.

5) 나 혼자만의 시간을 가져라: 나만의 공간, 자연을 찾아 사색하라.

6) 책을 읽어라.

7) 과거와 다른 새 네트워크를 가져라: 혈연, 학연, 지연이 아닌 취미, 동네 클럽이 답이다.

8) 마니아가 되어라: 하나로 형통한다. 몰입의 즐거움은 노소, 나이를 묻지 않는다.

9) 여행이 밥이다: 굶지 마라. 독서는 영혼의 밥, 여행은 몸이 하는 독서다.

10) 건강 수명, 죽음을 계획해라: 모바일엔 다 있다. 계획하고 실행하면 가능하다.

시대를 앞서가는 창의적 발상이다. 시간부자로 살아오면서 많은 일을 해온 김봉중 회장, 지금보다 앞으로의 행보가 더욱 기대되는 인물이다.

WILDS EFFECTER

Want | 미래에 이루고 싶은 꿈이나 목표가 있다면 어떤 것들이 있으신가요?

— 라이온스클럽 같은 세계적인 시니어 지역사회 봉사단체.

Imagine | 원하는 것이 이루어진 상태를 상상하면 어떤 모습인가요? 무엇이 보이고 들리고 느껴지시나요?

— 시니어들이 자기가 사는 동네에 모여서 서로 돕고 취미생활을 하고 지역사회에 봉사하는 행복한 100세 인생의 삶.

Learn | 미래 성공 모습이 되기 위해 개발할 능력이나 학습하고자 하는 것들은 무엇인가요?

— 인터넷을 통한 평생학습 및 모바일 활용능력의 꾸준한 업그레이딩.

Declare | 꿈과 목표를 이룰 것을 세상에 선언한다면 무엇이라고 말씀하시겠습니까?

— 나는 2022년까지 한국 전체 대도시에서 시니어 월요브런치클럽 운동을 정착시키고 2023년부터는 모바일 기반의 시니어 브런치 모임이 한류 시니어 문화로 세계 대도시에 전파되도록 한다.

Share | 자신의 성장과 성취를 통해 얻은 결실, 배움, 지혜 등을 누구에게 어떤 방식으로 나누거나 기여하고 싶으신가요?

— 지역사회 브런치 모임에 참석하는 시니어들이 이미 서로에게 모바일 역량을 키워주고 있으며 지역사회에 봉사할 일을 찾아 다양한 활동을 하고 있음. 기본적으로 시니어들이 가진 역량과 재물을 최대한 사회에 환원하려는 모임으로 창립함.

자신이 선택한 꿈은 어떤 꿈이든 아름답습니다.
— WILDS —

자신의 꿈은 무엇인가요?

인생 2막에서 더 잘나가는
액티브 시니어 박사

신 용 선

신용선

1959년생 신용선 박사는 시니어가 되고부터 더 잘나가고 있다. 은퇴하고 뒷전으로 밀려날 나이에 현역 시절 못지않게 왕성하게 활동하고 있는 것이다. 가치 있고 보람찬 인생 2막을 살고 싶어 하는 은퇴 세대들의 대표 '롤모델'을 꼽으라면 단연 신용선 박사를 추천한다.

신용선 박사에게 2018년은 특별하고 의미 있는 반전의 해였다. 생애 첫 도전으로 60세에 책 두 권을 저술했다. 또한 경영지도사로도 탁월한 능력을 인정받아 정부 지원사업으로 실시하는 글로벌강소기업 선정과 스타 기업 육성사업의 기업선정 및 평가위원으로 참여했다.

2019년에는 더욱 승승장구하여 자신의 인생에서 '경영학박사 취득'이라는 또 하나의 역사를 썼다. 박사학위 논문 제목은 '서비스회복과 고객용서, 회복만족, 고객신뢰 및 거래지속의도 간 영향 연구(귀인성향의 조절효과를 중심으로)'.

기업 등 서비스 제공자가 고객에게 서비스 제공에 실패하였을 때 그 실패를 다시 만족으로 만회하여 고객과의 거래관계를 지속해서 유지하기 위한 서비스 회복과 거래지속의도에 관한 연구다.

박사학위 취득을 위한 논문을 완성하고 회갑을 맞은 날에 박사 에필로그epilogue를 쓰려니 고되었던 지난 시간의 회상으로 만감萬感이 교차했다고 당시 소감을 밝혔다.

그뿐 아니다. 모교인 강원대학교 대학원 출강과 몽골대학원대학교 객원교수직까지 맡게 돼 국제 활동 영역을 넓혔다.

그렇다고 신용선 박사가 걸어온 길이 탄탄대로 일색은 아니었다.

대학에서 경영학을 전공하고 샐러리맨으로 근무하다 스스로 회사를 차려 쓴맛 단맛 두루두루 경험했다.

듬직한 체구와 특유의 친화력으로 그의 주변에는 늘 사람들이 몰린다. 유창한 영어 실력에 더하여 글로벌 마인드로 다양한 분야에서 폭넓은 인맥을 구축해오다 보니 좋은 사람들을 많이 만났다.

그에게는 고등학교 입학만 하고 등록금을 되찾아온 소년기 아픈 기억이 있다. 그 후 검정고시를 거쳐 대학을 나오고 50이 넘어 서울 집과 춘천을 오가며 대학원을 마쳤다.

그가 크게 실패했다가도 오뚝이처럼 다시 일어나는 원동력은 무엇일까.

환갑이 넘은 나이에 평생 못 해본 대학 강단에 서고, 액티브 시니어로 잘나가는 그에게 새로운 길을 찾아 끊임없이 도전하고 추진하였던 동력은 한마디로 '꿈'이었다.

"지금까지 살아오면서 단 한 번도 꿈을 포기해 본 적이 없습니다. 제 꿈은 구름 같은 허상의 꿈이 아니라 죽을 만큼 힘들이고 노력하면 달성할 것이라는 꿈이었습니다. 한순간도 꿈이 없었다면 큰 역경들을 넘어서 여기까지 올 수 없었을 것입니다."

그래서 그는 젊은 후배들에게 말한다. 세상에서 제일 강하고 무서운 사람은 '꿈을 가진 사람'이라고……

신용선 박사는 같은 세대인 시니어들이 처한 현실을 산山으로 비유했다. 시니어들은 3개의 산에서 내려와야 한다. 나이年齡의 산, 지위地位의 산, 은퇴隱退의 산이다.

이 나이에 내가 어떻게? 얼마 전 회사 임원이었는데…… 은퇴하고 나니 할 게 없네……

이 3개의 산에서 내려오지 못하면 아주 불행한 시니어로 전락할 가능성이 크다.

대기업 신입사원 공채로 입사하여 임원까지 해본 경험을 밑천 삼아 오랫동안 사업을 직접 하다가 60이 넘어 대학 강단에 서기까지 그가 흘린 땀과 노력을 생각하니 가슴이 찡하다.

"바쁘게 회사경영을 하며 만학(50대 후반)의 나이에 학업(석사과정)을 시작할 때만 해도 대학에서 강의해야겠다는 목표는 없었습니다. 가능성이 거의 없었으니까요. 중년이 지나면서 삶의 목표로 정한 2가지 중하나가 60세 전까지 학위취득이었습니다. 목표를 실현하고자 노력해오다 보니 제가 대학 강단에 서있더라고요."

현재 하는 일에 집중하고 순간순간 최선을 다해 노력하다 보니 꿈이 현실이 되었다는 말이 세상 사람들에게 던지는 메시지로 들린다.

"마라톤을 시작할 때 42.195km를 뛰고 나면 내가 다음 뭘 하지(?)라고 생각하지 말도록 권합니다. 마라톤을 뛰는 것이 내 삶에 중요한 가치라고 한다면 그냥 뛰는 게 좋습니다. 어차피 완주한 이후에 변화는 출발선에서 짐작할 수 없기 때문입니다."

가령 10대가 까마득한 미래인 '40대, 50대 이후에 뭘 하지?'라며 청소년기를 산다면 그 10대의 삶은 허황될 가능성이 크다. 산에 오를 때도 마찬가지다. 오르기 전에 정상에 선 기분을 상상하기보다는 산을 오르는 데 집중해야 한다. 정상에 도착하면 그 정상에 오른 상태에서 할 수 있는 일이 새로 만들어진다고 생각한다.

신용선 박사는 사업을 하면서 처절한 실패도 경험했다. 그는 가장 친밀감을 보였던 사람으로부터 면전에서 배신행위를 당했던 기억을 떠올렸다.

동업자로부터 크게 배신을 당한 그때 충격이 아직도 지워지지 않은 '트라우마'로 남아있다고 한다.

"지금도 사업 중에 만난 사람들은 믿지 않으려는 의식이 뇌리에 새겨져 있습니다. 아무튼 그 모든 지난 일들을 덮어버리기 위해 나는 더 큰 꿈을 만들었고, 그 꿈을 실현하는 방향으로 삶의 진로를 과감히 바꾸고 도전했습니다."

신 박사는 과거로 돌아가 16세 때 기억을 회고했다.

당시 마을 어른들이 그의 고향 집 담벼락을 시멘트로 바르고 시멘트가 굳기 전에 그에게 오랫동안 기억될 마음의 글을 벽면에 써보라고 요청했다.

그래서 나뭇가지를 꺾어 일촌광음불가경一寸光陰不可輕이라고 마음을 다지는 글을 쓴 후 글 아래 죽림竹林이란 자호自號를 새겼다. 그 글이 아직도 남아있다. 고향에 가면 늘 그 글을 대하고 젊은 날에 다졌던 초심으로 돌아간다.

"저는 10대부터 이 옛말을 늘 제 삶의 중심에 놓으려고 노력했어요. 한시도 그냥 무위도식을 싫어합니다. 그래서인지 비생산적인 듯 보이는(실제로는 아닐 수도 있지만) 화투, 바둑, 장기, 골프, 당구 이런 취미는 없고 또한 전혀 할 줄을 모릅니다."

이미 시니어 세대에 접어들었지만 10대에 세웠던 이 옛말을 마음에 새기고 '시간을 한시도 낭비하지 않으며 살아야지.'라고 생각한다는 말에 그의 강한 신념이 묻어있다.

"지금은 경영컨설팅 그리고 대학에서 후학들을 가르치고 있습니다만 늘 사회와 민족을 위하여 일할 것이라는 마음을 간직하고 살아갑니다. 기회가 올지는 미지수입니다."

그는 한동안 체육단체관련 사회활동도 했다. 권투인들 사이에 마당

발로 통하고 사단법인 한국권투위원회 상임부회장과 경기도아마추어 복싱연맹 회장까지 역임했다.

흔한 말로 성공하려면 '한우물'을 파라고 한다. 그러나 그는 생각이 다르다. 방향을 완전히 틀어버린다. 이게 아니다 싶으면 기존 판을 떠나서 전력투구로 새로운 길을 뚫는다. 야심 차게 시작한 숯 사업을 과감하게 접은 이유도 그런 이유다.

이게 아니다 싶으면 기존 판을 떠나서 전력투구로 새로운 길을 뚫는다. 스스로의 노력으로 위기를 기회로 바꿔놓는다.

WILDS EFFECTER

Want | 미래에 이루고 싶은 꿈이나 목표가 있다면 어떤 것들이 있으신가요?

— 카이로스(kairos)로는, 크게 한 걸음 걸었다는 삶의 시간인데, 크로노스(kronos)로는 강산이 여섯 차례를 훨씬 넘긴 시간이 지나갔습니다. 미래의 삶은 '가격보다 가치를 중시'하고 '면(face)보다 명(name)을 중시'하는 삶이 하늘과 가까워지는 여정에서 올바른 선택이라고 생각합니다.

Imagine | 원하는 것이 이루어진 상태를 상상하면 어떤 모습인가요? 무엇이 보이고 들리고 느껴지시나요?

— 인생은 꿈을 이루는 과정이고 그것은 곧 현실이며, 이뤄진 상태는 언제나 꿈(dream)으로 남을 뿐입니다. 인간은 이루기 위해 존재함이며 이룸의 정점에 서는 경우는 없다고 생각합니다. 꿈의 이룸을 상상하는 것 그것은 진짜 즐거운 환상이 될 것입니다. 가보지 않은 이룸의 정점을 상상하는 것은 허망이며, 끝내는 꿈을 이루는 과정에서의 수고가 가장 큰 희열을 가져다줄 것으로 생각합니다. 따라서, 우리는 현재 존재하며 걷는 여정에서 가장 큰 행복을 찾아야 할 것입니다.

Learn | 미래 성공 모습이 되기 위해 개발할 능력이나 학습하고자 하는 것들은 무엇인가요?

— 첫 번째는 '학습(Study)'이라 하겠습니다. 직장생활, 사업, 해외에서의 오랜 기간 거주 등 삶의 환경이 변해도 중단없이 '학습'을 포기하지 않았습니다. 지금도 학습의 습관을 유지하며 스스로 배우고 배운 것을 가르치는 학습환류(Study Feedback)를 지속하고 있습니다. 둘째는 '인생에서 경쟁은 나 자신'뿐이라고 생각하며 살았고 살고 있습니다. 단 한 번도 경쟁자로 상대자를 지정해본 적 없습니다. 스스로가 목표를 정하고 그것을 달성하기 위해 노력하였습니다. 셋째는 '가치 있는 삶'을 지향하였습니다. 겉(surface)보다 속(contents)을 중시하였고, 면(face)보다는 명(name)을 중시하고자 노력하였습니다. 앞으로도 이 2가지의 가치는 지속될 것입니다.

Declare | 꿈과 목표를 이룰 것을 세상에 선언한다면 무엇이라고 말씀하시겠습니까?

— 허락된 삶의 여정을 후회 없이 걸었다. 이승에서 맺었던 모든 인연들에게 행복을 빈다.

Share | 자신의 성장과 성취를 통해 얻은 결실, 배움, 지혜 등을 누구에게 어떤 방식으로 나누거나 기여하고 싶으신가요?

— 학업성취의 결과(경영학박사)로 현재 대학에서 후학들을 지도하는바, 앞으로 더 많은 후학을 양성하여 사회의 기둥을 만들고자 하며, 기업을 경영한 오랜 경험을 어려운 중소기업이나 상공인들의 어려운 경영환경에 디딤돌 역할을 하는 경영멘토 활동을 하고자 합니다.

145개 자격증, 10개 학과 전공
평생학습의 달인

신 종 훈

베이비붐 세대 1세대인 1955년생 신종훈 시니어는 평생학습의 달인이다. 그가 얼마나 평생학습에 열정을 쏟아왔는지 결과가 말해준다.

9개 대학 학과를 이미 전공한 데 이어 현재 10번째로 '심리치료학 박사과정'을 '열심히 공부' 중이고 145개 자격증을 취득했으며 그 숫자가 계속 추가되고 있다.

지금도 열심히 자격증을 취득하고 자기 계발에 심혈을 쏟는 '열정, 도전 맨'이다. 100세 시대에 '아직은 청춘'이라며 활기 넘치는 인생 2모작으로 10년 후의 미래를 설계하고 있다.

월간국보문학 시詩 부문 신인상(2012년 6월)을 받은 등단 시인으로 인터넷과 글쓰기에도 관심이 많으며, 온라인NAVER에서 청포로우靑圃LOW란 아이디로 블로그를 운영하고 있다. 푸른 채소밭처럼 항상 싱싱하게 살아가며 나의 배움과 수익을 사회에 봉사하고 겸손함을 잃지 않겠다는 의미다.

100세 시대에 인생 2모작은 현직을 떠난 시니어 입장에서 누구에게나 불안하다. 은퇴한 시니어가 아무리 준비를 많이 하고 능력이 있어도 현장에서 불러준다는 보장이 없으니 불안하기는 마찬가지다.

불안하고 불투명할수록 더 많이 노력하고 준비해야 한다. 누군가 말했다. 성공에 도취하면 위기가 오고 위기에 도전하면 기회가 온다고……

신종훈 씨는 앞으로 10년 후를 준비하고 있다. 자격증을 145개나 취득하고 대학, 대학원 10개 학과를 전공하면서도 더 많은 자격증을 취득하기 위해 도전을 멈추지 않는 그가 대단하다는 생각이 들면서 한편으로는 얼마나 우리 시니어들의 미래가 불투명한지 우리 사회의 한 단면을 엿볼 수 있다.

신종훈 씨는 현대기아자동차에서 35년을 근무했다. 1981년 3월 기아자동차에 입사해서 10년은 기아직업훈련원에서 훈련생을 배출, 취업시켰으며 25년은 기아디자인센터에서 근무했다.

현대자동차(주) 남양연구소 기아디자인기획지원팀 기술주임을 끝으로 2015년 12월 31일 자로 명예로운 정년퇴임을 했다.

그는 직장생활을 하면서도 철저한 시간 관리로 자격증 취득과 평생학습 공부를 계속해왔다. 그의 자격증과의 인연은 46년 전으로 거슬러 올라간다.

1972년 12월 31일 자격증 1호 주산검정2급 취득(대한실업 진흥회)을 시작으로 지난 2006년 9월까지 자격증 38개를 취득했다. 2012년, 자격증은 57개로 늘어났고 그해 제4회 도전한국인상을 수상했다. 2015

년 7월 8일에는 67개로 대한민국 기네스북에 등재되어 기록인증서를 받았다.

자격증 취득 행진은 계속되어 2015년 11월 16일 그가 딴 자격증은 77개가 되었고 회사 '현자의 달인'으로 현대자동차 사내방송에 출연하여 유명세를 탔다.

2016년 그는 '기록제조기'로서의 면모를 유감없이 발휘했다.

한 해에 무려 26개의 자격증을 취득하고 24개의 각종 직능교육과정을 수료, 졸업하여 주변을 깜짝 놀라게 했다.

2017년에도 마케팅전문가 1급(주식회사 휴넷), 심리상담사 2급(사단법인 한국심리전문학회), 건강관리사(국제건강관리사협회장) 등 7개의 자격증을 취득했다.

이후에도 자격증 취득은 계속되었다. 특히 심리 교육상담 자격증 취득에 많은 공을 들이고 있다.

평생교육사, 외상심리상담사 1급, 생애위기상담사 2급, 청소년진로상담사, 감정코칭전문가 1급, 청소년미래설계전문가, 한국미래설계전문가 2급, 웰라이프지도사 2급, 가족상담사.

최근까지 그가 취득한 심리 교육상담 관련 자격증들이다.

2021년 5월 20일에는 애도상담전문가 2급을 추가하였다.

평생학습을 실천해온 그의 공부는 여전히 진행 중이고 끝이 없다. 대학, 대학원에서 신학, 다도학, 금형학, 금형설계학, 경영학, 농학, 국어국문학, 가정관리학, 문학석사(상담심리치료 전공) 등 9개 학과를 전공했고 현재 10번째 학위취득을 목표로 대한신학대학원대학교에서 상담심치료학 박사과정을 공부하고 있다. 현재 5학기 차로 내년(2022) 2월 졸업(철학박사학위 취득) 예정이다.

배움의 열정은 끝이 없다.

그는 한국상담학회, 한국상담심리치료학회, 한국가족관계학회, 한국가족치료학회, 한국미술통합치료학회, 한국표현예술치료학회의 특강과 세미나 연수에 참가하고 있다.

그의 하루의 시작은 성공의 습관에서 시작한다. 오전 4시에 일어나 기도하고 요가, 체조, 플러스 활동 독서를 한다.

이어서 규칙적인 묵상을 통해 매일 좋은 글을 읽고 느낌을 쓴다. 성경을 읽고 독서를 하며, 시詩와 글을 쓴다. 하루의 긍정, 도전, 승리 에너지를 만드는 시간이다.

다음으로 철저하고 규칙적인 시간 관리다.

1998년부터 연간, 월간, 주간, 일일 계획을 세워 목표관리를 하고 플래너를 써왔다.

그가 흘린 땀은 헛되지 않았다. 수많은 자격증과 대학 졸업장은 그런 노력이 가져다 준 결과였다.

마음의 양식인 독서활동도 열심이다. 매주 목요일과 금요일 독서모임을 다니고 1년에 100권 이상의 책을 읽는다.

규칙적 운동도 그가 빼놓지 않고 하는 습관이다. 자연건강 6대 법칙과 요가를 하고, 산에 올라 체조와 에어로빅, 평행봉을 한다. 그리고 하루의 일과와 가족을 위해 감사의 일기를 쓰고 잠을 잔다.

1만 시간의 법칙에 따라서 그의 알찬 하루 활동은 큰 결과를 가져왔다. 직장생활 중에 자기계발을 위해 스스로 창원기능대학 기능장과정을 공부하였다.

새벽 4시 기상하여 하루일과가 시작되고 퇴근 후 저녁시간을 이용하여 공부했다.

열심히 공부하고 익히고 배워서 남주는 일을 꾸준히 해왔다. 그동안 배운 것을 상담과 교육과 책의 저서를 통해 힘든 사람들에게 도움의 역할을 해주며 살고 있다.

호스피스, 발마사지 등 자격증을 취득하고 병원, 요양원 등을 찾아가 봉사활동을 했다. 오카리나와 하모니카, 바이올린을 배워 연주 활동도 펼치고 있다.

또 자원봉사 상담 위주로 현실치료 상담, 위기가정상담, 위기청소년 상담(고3)상담, 사랑의 전화 상담, 생명의 전화 상담을 하고 있다.

힘든 사람들의 이야기를 들어주고 공감하면서 내담자들의 욕구와 희망사항을 탐색하여 인생의 자동차를 잘 운전하고 가도록 돕는 역할을 하고 있다.

봉사는 받는 기쁨보다 주는 기쁨이 훨씬 크다. 봉사를 습관처럼 하는 사람들이 이구동성으로 하는 말이다. 신종훈 시니어도 똑같은 말을 한다. 자신이 봉사를 통해 많이 배우며 힘든 분들에게 도움을 준다는 것에 감사한다.

그는 기아자동차(주) 디자인센터에 근무할 때 사내에 기아에어로빅회를 창설하고 체육관을 만들었다. 회원을 모집해 운동하고 각종 체육 행사 및 보디빌딩 행사가 있을 때마다 앞에 나가 시범을 보이며 활동하던 추억이 있다.

"지금이 가장 중요한 시간이다. 성공은 습관이고, 좋은 습관이 인생을 변화시킨다."

그의 인생 좌우명이다.

앞으로 그는 지금까지 배운 학문과 기술을 총동원하고 융합해서 성공의 삶을 살기를 원한다. 리더십 강의, 카운슬러 활동, 시 낭송, 저술著述, 친환경 농장 운영 등 하고 싶은 일을 하며 남을 위해 봉사하는 삶을 살고자 하는 꿈을 갖고 있다.

145개의 자격증을 취득하고 대학에서 10개의 학과를 전공한 기록제조기 신종훈 시니어.

그가 딴 수많은 자격증과 졸업장이 빛을 볼 날이 하루빨리 오기를 기대해본다.

WILDS EFFECTER

Want | 미래에 이루고 싶은 꿈이나 목표가 있다면 어떤 것들이 있으신가요?

— 청포로우(靑圃Low)심리상담센터와 한국청소년정신건강협회 금천지부를 운영하면서 심신의 어려움을 겪는 수많은 청소년, 중년층, 은퇴 후 시니어들에게 청춘으로 살아갈 용기와 희망을 주며 청포로우 뜻처럼, 푸른 채소밭처럼 인생을 죽는 날까지 청춘으로 배우고, 상담하며, 나누고, 도우며, 그리고 로우(Low) 뜻처럼 낮은 자세로 살아가도록 하겠습니다.

Imagine | 원하는 것이 이루어진 상태를 상상하면 어떤 모습인가요? 무엇이 보이고 들리고 느껴지시나요?

— 이루어진 상태를 상상하면 지금까지 청포로우(靑圃Low)의 가치(청춘으로 살며 낮은 자세로 살자)대로 살아온 자신을 감사하며, 푸른 초장을 생각하며, 사슴이 시냇물을 마시며, 양들이 초장의 풀을 뜯어 먹는 평화로운 이미지가 떠오릅니다. 청포로우심리상담센터에서 갈증과 우울, 불안으로 힘들었던 많은 사람이 회복되어 성장하는 모습을 그려봅니다.

Learn | 미래 성공 모습이 되기 위해 개발할 능력이나 학습하고자 하는 것들은 무엇인가요?

— 지금까지 직장생활에서 계속 평생 공부를 하고 다시 퇴직 후 제2의 인생길을 청포로우심리상담센터를 운영하면서 심신이 어렵고, 힘들고, 고통스러운 사람들에게 희망과 소망을 주기 위해서는 꾸준한 상담과 관련 평생 공부를 하며 프로그램을 연구·개발하여 많은 사람과 나누는 작업입니다. 배우고, 익히고, 연구하고, 상담한 모든 것을 많은 사람과 나눌 때 공부가 되고 살아있는 공부가 아닌가 생각합니다.

Declare | 꿈과 목표를 이룰 것을 세상에 선언한다면 무엇이라고 말씀하시겠습니까?

— 1988년부터 현재까지 사명서를 작성하고 선언문을 읽고 살아왔다. 나는 반드시 심신의 톱날을 매일 갈고 닦아 그리고 나의 청포로우심리상센터의 대표 상담사로 즐겁게 활동하고 유능한 작가로, 유능한 상담사로, 유능한 강사로 세상에 빛나는 삶을 살 것이다.

WILDS EFFECTER

Share | 자신의 성장과 성취를 통해 얻은 결실, 배움, 지혜 등을 누구에게 어떤 방식으로 나누거나 기여하고 싶으신가요?

— 지금까지 건강하고 바르게 클 수 있던 것은 아버님, 어머님의 은혜가 아닌가 생각한다. 지금까지 열정으로 살아온 것은 벤저민 프랭클린의 자서전을 통해 감동받고 소중한 플래너를 1998년부터 지금까지 작성했다는 것에 감사드린다. '종이에 쓰면 이루어진다.'라는 말이 맞는 것 같다. 그리고 현대자동차(주) 남양연구소 기아디자인 기획지원팀에서 35년의 정년을 2015년 12월에 마치고 나서 한국능력개발원 회장 이성언 박사님과 자율훈련과 최면에 관하여 공부하던 중 영양을 받은 것이 퇴직 후 다른 제2의 인생의 길인 심리상담분야로 방향을 잡게 되어 석사, 박사과정을 공부하게 된 것에 감사드립니다. 특히 5년 동안 대한신학대학원 대학교 상담심리치료학 학과장이신 신동열 교수님께 감사를 드립니다. 그리고 한국현실치료 대가이신 김인자 교수님과 김정숙님께 감사드립니다. 그 외에 이마고부부상담의 김희정 교수님, 코사코리아의 박정란 대표님, 각당복지제단의 윤득형 교수님 외 모든 교수님들에게 감사를 드립니다. 마지막으로 지금까지 늘 함께하시는 하나님께 영광을 돌립니다.

원한다면 움직여야 한다.
그래야 기회를 잡을 수 있다.

WANT

IMAGINE

LEARN

DECLARE

SHARE

공예 창업 교육 전문가

유
지
선

공예를 배우고 창업하는 여성들은 많지만, 창업 이후 지속적이고 체계적으로 수익을 창출하도록 지도하고 교육하는 전문가는 많지 않다.

유지선 씨는 보기 드물게 이 분야에서 왕성하게 활동하고 있는 공예 창업 교육 전문가다.

그녀는 경력 단절 여성들의 잠재력을 끌어내는 능력이 탁월하다.

고등학교 시절부터 메이크업이나 분장사에 관심이 많았다.

공주에서 학교 졸업 후 서울에 와서 분장 기술을 배우려고 학원을 다녔다. 학원비를 벌려고 삼성전자 백화점 단기 알바로 일했다. 거기서 능력을 인정받았다.

그녀는 다시 공주로 와서 혼수전문 매장을 운영했다. 경영에 대해 배운다는 마음으로 최선을 다했다. 매장을 운영하면서 저녁에는 직장인 여성 상대로 메이크업을 지도했다. 그때가 1994년.

매장 일이 바빠지다 보니까 한동안 메이크업에 전념하지 못했다.

IMF가 닥쳤다. 혼수 전문 매장도 접었다. 쉬는 동안 평생교육원에 다니면서 뷰티관련 자격증을 취득했다. 관심 있는 공부를 하며 관련 자격증을 계속 늘려나갔다. 그렇게 취득한 자격증이 100개가 넘는다.

평생학습을 계속 하다 보니까 좋아하는 분야가 더 확실해졌다. 아로마 지도자 자격증, 천연비누 공예지도사, 조향전문 지도사 등.

자격증을 취득한 이후 중소벤처기업부 소상공인시장진흥공단 지정 교육기관인 한국평생교육원에서 교육 강사로 활동했다.

수강생들은 여성들로 창업을 했다가 업종을 전환하고 싶어하거나 창업을 원하는 전업주부들이 특히 많았다.

그렇게 시작한 강의 경력이 어느덧 10년째 접어들었다. 강의를 하다 보니까 그동안 쌓아온 경험들이 많은 도움이 되었다.

그의 강의를 들은 수강생들이 변하는 모습이 뿌듯했다. 처음에는 기대를 갖지 않다가 강의를 듣고 나서 눈빛이 달라졌다.

수강생들이 스스로 재미를 느끼고 열정이 생겼다. 바로 실행에 옮기지는 못하지만 다음에 다시 그의 강좌에 재수강을 하는 사례가 많았다.

뒤집어서 말하면 그의 강의가 먹혀들었다.

2020년부터 창업 관련 정부 지원이 더 많아졌다. 그런데 정작 창업을 하고 싶어하는 여성들은 정보를 알아도 어떻게 지원을 받아야 하는지 몰라서 지원조차 못하는 경우가 많았다.

이런 점에서 유지선 씨가 빛을 발했다. 그로부터 강의를 들은 여성들이 유지선 씨에게 문의를 해 왔다.

정부 지원 정보를 듣고 그에게 문의를 해오면 함께 머리를 맞대고 고민해서 사업계획서 작성에 대한 노하우를 코칭해줬다. 그런 식으로 그에게 도움을 요청하거나 문의를 해 왔던 여성들은 모두 정부지원 혜택을 받았다.

간절히 원하고 준비하면서 노력하면 이루어진다는 사실을 다시 한번 발견하는 순간이었다. 그렇지 않으면 기회가 와도 알지 못하기 때문에 그 다음 단계로 올라가지 못하고 강의 수강으로 끝난다.

60대 수강생 A 씨가 있었다. 공예를 너무 좋아해서 매년 강의를 들었다. 강의를 계속 재수강하면서 공예 지식은 전문가 수준이 되었다. 창업 준비를 철저히 했다.

A 씨는 지금 창업을 해서 활발하게 활동하고 있다. 유지선 씨가 멘토로 큰 역할을 했다. 유지선 씨의 말을 들어보자.

"A 씨의 경우 미대 출신으로 화가의 꿈을 가슴에 품고 살았다. 공예를 계속 배우면서 창업을 통해 꿈을 이루게 되었다. 보통 화가는 그림만 그린다. 그런데 A 씨는 공예에 미술을 접목했다."

그 재능을 유지선 씨가 스스로 발견하게 되는 데 결정적 역할을 했다.

유지선 씨는 위에서 언급했듯이 단순히 공예창업을 강의하고 지도하는 수준에 머물지 않는다. 창업을 했다고 성공을 보장하지 않는다. 이 점을 창업자들에게 강조한다.

특히 수공예는 물건이 마음에 들어서 샀을 때 재구매로 이어지는 게 중요하다. 본인이 사지 않더라도 입소문으로 손님을 소개하는 간접 판매도 중요하다.

실제로 판매유형을 보면 손님이 손님을 추천하는 방식으로 판매가 많이 이루어진다. 그런데 파는 사람들은 대부분 단가를 중요하게 여긴다.

하지만 유지선 씨는 단가로 경쟁하기보다 고객만족을 더 강조한다. 정성을 들여 만든 제품을 구매해주는 고객에 감사하는 마음을 갖는 태도가 더 중요하다고 설명한다.

수공예는 하나의 작품을 만들 때 시간과 수공이 많이 든다. 단가를 지나치게 의식하다 보면 작품에 들어간 시간과 노력이 아깝다는 생각에 빠질 수 있다. 그러다 보면 쉽게 지쳐서 좋아하는 일을 포기하게 된다. 노력 대비 단가가 안 맞는다고 생각하기 때문이다.

그리하여 공예품은 이미 공산품으로 생산된 것이 많다. 가격으로 따지면 공산품이 훨씬 저렴하다. 그렇게 단순 논리로 생각하면 고객이 굳이 비싼 수공예품을 살 이유가 없다.

수공예는 공산품이 아니기 때문에 단가로 따질 수 없다는 이유가 바로 거기에 있다. 수공예는 고객이 원하는 단 하나의 제품이다.

수공예를 작품이라고 보면 일이 즐겁다. 내 손으로 단 한 명의 고객에게 세상에 하나밖에 없는 작품을 만들어낸다는 자부심이 있다. 이런 점에서 그는 보람을 느낀다.

"아직도 많은 수공예 수강생들이 재수강을 하고 있어요. 배움의 열정은 있지만 창업은 엄두를 못 내고 있는 분들도 있어요. 그런 분들에게 먼저 교육을 받고 창업의 꿈을 이룬 선배 창업자들과 연결시켜 주기도 합니다."

수공예품은 대량주문이 들어와도 혼자 납품을 감당하기 힘든 게 현실이다. 소량으로 만들다 보니까 제작에 한계가 있다. 이럴 경우에 창업을 꿈꾸는 수강생들과 협업하여 물량을 소화할 수 있도록 하면 상생효과를 기대할 수 있다.

예비창업자에게는 미리 공예품을 만들어 볼 수 있는 기회가 되고 창업자에게는 주문량을 소화하는 데 도움이 되기 때문이다. 이런 일을 유지선 공예 창업 교육 전문가가 하고 있다.

그는 지금까지 쌓은 노하우는 세계무대로 뻗어 나가고 있다. 코로나가 오히려 기회가 되었다. 비대면 온라인 교육이 활성화되고 있는 현실에서 수공예 교육과 창업에 관심이 있는 전세계 한인들을 대상으로 수공예 창업교육을 확대시켜 나갈 계획이다.

다른 예술작품들과 결합한 수공예작품 연구개발에도 시간을 쏟고 있다. 예를 들면 화가의 작품을 향수의 용기 또는 수제비누에 표현한다.

공예 창업에 실패한 경험이 있는 분들이나 창업을 두려워하는 분들에게 도전하지 못하는 이유를 들어보면 나이가 많다고 하거나 스스로 재능이 없다고 생각한다.

"그러나 나이는 중요하지 않습니다. 저희 수강생 중에는 80대 어르신들도 있어요. 재능이 없는 것 또한 문제가 되지 않아요. 단지 시간이 조금 더 걸릴 뿐이죠."

그는 잘나가는 최고는 아니다. 스스로 자신을 평가하는 말이다. 그러나 경력단절 주부나 도전을 두려워하는 여성들에게 꿈과 희망을 준다는 자부심이 그 누구보다도 강하다. 꿈을 꾸고 자신이 좋아하는 일을 계속하다 보면 언젠가는 자연스럽게 기회가 온다고 그는 말한다. 그 자신도 좋아하는 일을 꾸준히 해오다 보니 뒤늦게 자신의 적성을 발견했고 지금도 계속 배우며 성장해 나가고 있다.

WILDS EFFECTER

Want | 미래에 이루고 싶은 꿈이나 목표가 있다면 어떤 것들이 있으신가요?

— 공예 관련 책을 출간하고 싶습니다. 해외에 거주하시는 한인 대상 교육원을 설립하고 싶습니다.

Imagine | 원하는 것이 이루어진 상태를 상상하면 어떤 모습인가요? 무엇이 보이고 들리고 느껴지시나요?

— 해외에 초대받아 저자 직강 수업을 진행하며 일을 마친 후 그 나라 여행을 하고 있습니다.

Learn | 미래 성공 모습이 되기 위해 개발할 능력이나 학습하고자 하는 것들은 무엇인가요?

— 영어 회화와 코칭 학습을 통해 고객들에게 더 나은 상담과 컨설팅을 하고 싶습니다.

Declare | 꿈과 목표를 이룰 것을 세상에 선언한다면 무엇이라고 말씀하시겠습니까?

— 누구나 따라하기만 하면 공방 창업을 할 수 있는 공예 관련 책을 출간한다.

Share | 자신의 성장과 성취를 통해 얻은 결실, 배움, 지혜 등을 누구에게 어떤 방식으로 나누거나 기여하고 싶으신가요?

— 경력 단절 여성들, 공예사업을 하고 싶은 분들과 나누고 싶습니다.

봉사, 연주, 작사, 노래하고
영화까지 찍은 낭만치과의사

이
영
만

이런 의사 또 있을까!

서울 은평구 지하철 3호선 불광역 6번 출구 인근에 위치한 은평치과 원장 이영만 박사는 팔방미인의 재주를 지닌 낭만치과의사다.

치과를 운영하면서 지역 봉사활동을 습관처럼 하고, 시인, 수필가, 시니어 모델, 색소폰 연주, 작사가, 가수에 영화까지 찍었다. KBS 진품 명품에 출연했을 정도로 골동품, 미술품에도 관심이 많다.

차고 넘치는 감성을 글로 풀어내면 가슴을 파고드는 시와 수필이 되고, 심금을 울리는 노랫말 가사가 된다.

그는 등단 시인으로 '어머니 그리워 그리워', '엄마의 노래' 등 시집을 4권 냈다. 작사도 국민 가수 남진의 '모정', 강진의 '족두리봉', 서지오의 '오늘밤에', 강유정의 '엄마의노래' 등 30여 곡이나 했다. 송대관의 신곡 '덕분에'도 이영만 박사가 가사를 썼다.

1인 다역으로 하는 일이 아무리 많다고 해도 그의 본업은 치과의사다. 치과 진료가 최우선이다.

그의 뛰어난 손기술은 섬세함과 정교함이 요구되는 치과의사로서 큰 장점이다.

이영만 원장은 또한 발명가다.

'응력분산형 임플란트 고정체' 등 임플란트 관련 특허를 5개나 보유하고 있다.

치과 전문의 관련 자격증도 열심히 땄다. 통합치과 전문 임상의, 임플란트 인증의 자격증, 심미 보철, 턱관절 인증의 자격증 등을 취득했다.

그림과 사진도 취미 차원을 넘었다. 치의 미전 공모전 1회(2013년)에서 그림으로, 2회(2016년)에서 사진으로 입선하였다.

그는 현재 위치에 자리 잡은 치과의원을 이전하지 않고 18년째 우직하게 한 장소에서 계속 운영하고 있다.

이영만 원장은 지역사회에서 이웃사랑 나눔과 봉사에도 적극적이다. 경찰발전위원장, 경찰서운영위원회 회장, 은평문화원 부위원장, 은평라이온스클럽 지역부총재(前 회장) 등 다양한 분야에서 봉사활동을 활발하게 해오고 있다.

한국자유총연맹 은평지회장직은 6년째 맡고 있다. 대한치과의사협회에서는 기획이사로 활동하고 있다.

생명을 살리는 사랑의쌀나눔운동본부(이사장 이선구)는 소외계층을 꾸준히 후원해온 이영만 원장에게 2018년 착한 사업장 현판을 전달했다.

이영만 원장은 서울 지하철 불광역 부근에 2012년 7층짜리 메디컬 빌딩을 지어 소유하고 있다. 처음 입주한 사람들에게 9년 동안 임대료를 올리기는커녕 오히려 사정이 어렵다는 하소연을 들을 때마다 내려받고 있다.

반값 월세 첫 착한 건물주로도 널리 알려졌다.

코로나 사태로 온 국민이 어려움에 부닥친 상황에서 이영만 원장은 2020년 3월 자신이 소유한 건물에 들어있는 세입자들의 월세를 50% 이상 깎아줘 화제가 됐다. 1,500만 원이나 되는 큰돈을 받지 않겠다고 양보한 것이다.

"코로나로 모두가 어렵잖아요."

짧게 던지는 이 말이 가슴에 찐하게 다가온다.

그가 하는 일이 최근에 하나 더 늘었다. 시니어 모델이다. 데뷔한 지 얼마 안 된 신인 모델이지만 패션쇼에도 참여했다.

가수로도 활동하고 있다. 하루하루가 눈코 뜰 새 없이 바쁘게 돌아가는 일정이지만 출연 요청을 받으면 전국 어디라도 달려가 무대에 오른다.

2021년 2월 26일 제주시 이호테우해변 오드리인호텔 앞 광장에서 코로나19 극복을 염원하며 국내 최초로 장애인이 직접 참가하는 패션쇼 '제주에서 쏘아 올린 희망의 빛, 한라에서 백두까지'가 언택트 랜선쇼로 열렸다.

이날 공연은 패션 장애인과 비장애인이 함께 어우러진 축제로 코로나 감염 공포에 추위까지 겹친 악조건 속에서도 5세부터 80세까지 다양한 시민들이 레드카펫이 깔린 런웨이 무대를 화려하게 수놓았다.

이영만 낭만치과의사도 뜻깊은 이날 행사에 초대 가수로 출연하였다. 이영만 원장은 행사 막바지에 트로트 가수로 무대에 올라 자신이 작사한 노래 '바람 같은 사랑'을 열창하여 분위기를 고조시켰다.

치과의사, 시인, 가수, 발명가, 작사가로 한 번뿐인 인생을 '폼'나게 사는 이영만 박사의 활동 영역은 시간이 갈수록 더욱 넓어지고 있다.

1958년생 이영만 박사는 영화(제목: 1958)까지 찍었다. 1958년 개띠 베이비붐 세대들의 희로애락과 꿈을 그린 영화로 2021년 10월 26일 시사회가 열렸고 곧 개봉 예정이다.

2018년 초연한 대학로 연극 오팔주점(극본 및 감독 장기봉)을 모티브로 각색한 작품으로 한국시니어스타협회 김선 대표와 시네마테크 충무로 김문옥 감독이 공동제작을 맡았다.

영화 '1958'에 이영만 원장도 김선, 박노철과 함께 주연 가운데 한 명으로 출연하여 2021년 2월 5일부터 촬영에 들어갔다.

이영만 박사 촬영은 치과 진료 시간과 겹치지 않는 토요일 오후나 일요일 시간을 주로 활용한다. 3월 21일은 하루 종일 촬영에 매달렸다. 이른 아침부터 밤늦게까지 장소를 계속 옮겨가며 촬영하다 보니 몸이 녹초가 되었다.

자조적으로 하는 말로 돈도 '빽'도 기댈 곳도 하나 없는 사람들을 일컬어 '흙수저'라고 한다. 이영만 박사도 흙수저 출신이다.

전북 완주에서 4남매 중 둘째로 태어난 그는 13살 때 아버지가 돌아가시는 바람에 홀어머니 밑에서 어렵게 자랐다. 그렇다고 꿈마저 포기할 수는 없었다.

고등학교 과정을 검정고시로 마치고 치과대학에 들어갔다. 어린 나이에 아버지를 잃은 '흙수저' 소년이 모든 어려움을 스스로 극복하고 치과의사가 되었다.

비 온 뒤에 땅이 굳고 젊어서 고생은 돈 주고도 못 산다.

일찍이 겪은 이영만 원장의 힘든 시절이 오늘의 그를 있게 한 밑거름이 되었다.

어려운 이웃을 따뜻한 가슴으로 손잡아 주고, 넘치는 감성으로 시와 수필을 쓰며, 색소폰 연주, 작사에 노래까지 맛깔나게 부른다. 시도, 가사도 그의 작품에는 어머니가 많이 등장한다.

어두운 밤하늘에~ 홀연히 뜨는 저 별은~ 꽃같은 별이던가~~ 별같은 꽃이던가~~ 보릿고개 눈물고개 모질게 넘기시고~~ 흙이 좋아 흙에 묻혀 살던 어머니~~ 얼굴선이 아직도 고우신 어머니~~ 허리는 기억자로 굽으셨네~~ 모정에 슬픈 강물 가슴에 흘러 흘러~~ 눈물도 보석이 되었네~~ 아~~ 많이 야위신 어머니~ 살아 계셔서 행복해요~~ 아무리 불러도 포근한 당신에 이름이여~~ 어머니~~ 어머니~~ 사랑합니다~ 어~머니~~

국민가수 남진이 부른 노래 모정의 가사 내용이다. 절절한 어머니 사랑으로 가슴을 적시는 이 노래의 작사가는 낭만치과의사 이영만 박사다.

이영만 원장이 작사한 노래 모정의 가사 내용을 보면 그의 어머니 사랑이 얼마나 각별한지 알 수 있다. 40세에 홀로 되신 어머니는 올해

93세, 이영만 원장은 어머니를 50년 넘게 모시고 있다.

낭만치과의사 이영만 박사.

그는 참 멋있고 맛있게 인생을 산다.

WILDS EFFECTER

Want | 미래에 이루고 싶은 꿈이나 목표가 있다면 어떤 것들이 있으신가요?

— 봉사, 히트곡 작사가, 가수, 발명가로 종횡무진하는 1인다역의 낭만치과의사.

Imagine | 원하는 것이 이루어진 상태를 상상하면 어떤 모습인가요? 무엇이 보이고 들리고 느껴지시나요?

— 사회봉사를 열심히 하며, 내가 작사하여 직접 부른 노래가 국민 애창곡으로 사랑받고, 본업인 치과 전문의, 발명가로도 잘 나간다.

Learn | 미래 성공 모습이 되기 위해 개발할 능력이나 학습하고자 하는 것들은 무엇인가요?

— 작사, 악기 연주, 시(詩) 작업을 열심히 하고, 치과 전문의로서 치과(임플란트) 관련 연구, 개발 특허 출원도 계속하겠다.

Declare | 꿈과 목표를 이룰 것을 세상에 선언한다면 무엇이라고 말씀하시겠습니까?

— 나 이영만은 날개형임플란트 발명특허(제10-1327655호) 등 5개의 특허를 보유한 발명가로 픽스처 (인공치근) 공장을 차려 해외 시장까지 진출한다. 또 봉사하며, 작사가, 가수, 낭만 치과 의사로 살아가는 하루하루가 즐겁고 행복하다.

Share | 자신의 성장과 성취를 통해 얻은 결실, 배움, 지혜 등을 누구에게 어떤 방식으로 나누거나 기여하고 싶으신가요?

— 경찰발전위원장, 경찰서운영위원회 회장, 은평문화원 부위원장, 은평라이온스클럽 지역부총재(前 회장) 등 다양한 분야에서 봉사활동을 해오고 있다. 노래하는 낭만치과의사로 지금까지 본업인 치과 진료와 사회봉사를 병행하는 삶을 살아왔고, 앞으로도 그럴 것이다.

지금도 계속 경신 중인
기록분야 그랜드마스터

이

종

관

플러스A아카데미 대표 이종관 박사는 대한민국 최고 기록인증 6개 및 세계 최초, 최고 기록인증 2개를 보유한 기록 분야 그랜드마스터다. 국가 기술 및 정부 자격증, 국제자격증 64개를 보유하고 있다.

민간자격증 23개를 포함하면 자격증 수는 87개로 늘어난다. 지금도 끊임없이 연구하고 학문에 정진하며 각종 기록을 경신해나가고 있다.

이종관 박사는 국가은탑산업훈장, 대통령 표창(2회), 국무총리 표창, 서울특별시장 표창, 국회상임위원장 표창(2회) 등 포상 최다 보유기록인 79회, 정부 또는 기관 위촉장 최다기록인 175건, 도서 개인 분야 최다 보유기록 1만 2,000권, 직업능력개발훈련교사 자격증 21개 최다보유기록 등을 가지고 있다.

'가방끈'도 끝이 보이지 않을 정도로 길다.

국내 대학을 포함하여 미, 영, 러, 일본 등 전 세계의 명문대학(원)을 두루 거치며 공학사, 경영학 석사, 박사(경영학, 철학), 명예박사(철학, 교육학, 산업경영, 심리)학위를 취득했다.

세계 최초로 인상 마케팅 이론을 정립한 인물이기도 하다.

경영학과 철학을 융합한 '인상 마케팅'을 세계 최초로 이론 정립하여 현대 경영학의 아버지인 미국 피터 드러커(Peter Drucker. 1909~2005) 박사로부터 극찬을 받기도 하였다.

이종관 박사는 발명가로도 왕성하게 활동하고 있다. 주요 특허로는 '순한 맛의 생강분말 제조방법', '혈당개선용 아연고추 및 고춧잎 개발' 등 발명특허 및 저작권을 25개 보유하고 있다. 그 밖에도 이미 특허 출원하여 여러 건이 특허청 심사 중에 있다. 또한 그는 최근 4차산업의 핵심 요소인 나노Nano공학의 매력에 푹 빠져있다.

취미로 하고 있는 천연염색, 천연비누, 화장품 DIY(연고, 로션, 팅쳐 등), 술과 발효, 제빵 분야는 취미 차원을 넘어 전문가 수준으로 관련 자격증도 가지고 있다. 이와 같은 다양한 취미 정보 및 경험은 주로 특허 아이디어 도출의 창의력 융합 발상에 원동력이 되고 있다.

이종관 박사에게 포기는 없다. 젊은이 뺨치는 도전정신으로 무슨 일을 시작하면 집요하고 끈질기게 파고든다. 약속도 칼같이 지킨다.

이종관 박사는 2020년 1월 1일부터 자신과의 약속인 하루 만 보 걷기로 서울 잠실 '석촌호수'를 매일 돌고 있다. 처음 시작한 이후 단 하루도 거른 적이 없다.

비바람이 불면 우의를 입고 석촌호수를 돌고, 발에 물이 들어가지 않게 방수 커버 신발을 신고 걷는다. 발가락에 물집이 생기면 발가락

보호 튜브를 착용하고 걷는다.

그렇게 단 하루도 쉬지 않고 매일 걸어 1년 4개월 15일째 되던 2021년 5월 15일 석촌호수 1,000바퀴를 찍었다.

이종관 박사는 1천 바퀴 달성에 이어 1만 바퀴를 목표로 지금도 여전히 석촌호수를 돌고 있다. 그런 열정과 끈기와 도전으로 '기록 그랜드 마스터'라는 칭호를 얻었다.

그의 학력과 프로필을 보면 입이 딱 벌어진다.

대구고, 한양대 공대(공학사), 연세대(경영학석사), G. A. U. F, ARANETA대(경영학박사, 최우수논문상), 국립ULAANBAATAR대(철학박사, 최우수논문상), DHANANJOY ANGLO PALI대 명예철학박사, ZANAVAJRA대 명예교육학박사, 명예산업경영학박사, TENGER대 명예심리학박사 학위를 수여 받았다.

단기교육과정으로는 조지워싱턴대, MOSCOW대, OXFORD대, TIBETAN대, CORNELL대, 고려대 경영대학원, KAIST, 한양대 공대에서 최고위과정을 마쳤고, 일본 JAL COS, 일본大丸 高幌연구소 과정을 수료하였다.

이종관 대표는 LG그룹과 현대그룹 등에서 요직을 두루 거치고 현대그룹 임원으로 인재개발원장을 지낸 교육 분야의 전문가이기도 하다. 36년간 직장생활을 하다가 은퇴 이후 대통령자문 새교육 공동체위원, 국립 한경대 교수, 원광디지털대학교 겸임교수, 태국 국립 SONGKLA

대, 인도 TIBETAN대, MONGOL국립대에서 객원교수를 역임하였다. 그는 여전히 바쁘다.

2012년 3월부터 현재까지 노동고용부장관이 위촉하는 대한민국 산업현장교수(품질관리)로 활동하고 있다. 또한 서강대, 한양대 및 연세대 경영대학원 AMP 과정에 출강하여 '인상마케팅'을 강의하고 있다.

칼럼니스트로도 왕성하게 활동하고 있다. 또한 문학세계문인회원으로 '그리움만 고였어라' 등 13권의 시집을 냈고, 한국을 빛낸 문인들에 등재되었고, 2014년 문학세계 문학상 시 부문 대상, 2016년 시세계 대상을 수상했다.

한때 인도 및 동남아국에서 선禪, 명상瞑想, AVATAR에 심취되었고 몽골국의 삼장법사MONGOLIAN BUDDHIST SANGHA, 선법사이기도 하다.

우리는 코로나 감염 공포 속에서 인류가 한 번도 경험하지 못한 세상을 살고 있다. 코로나가 잡히고 나면 세상은 어떻게 달라질까?

이종관 박사는 코로나 이후 변화된 환경에 주목한다. 학벌도 지연도 경력도 필요 없이 오직 실력만으로 승부하는 시대가 오고 있다면서 미래의 성공 키워드는 아무도 대체할 수 없는 나만의 차별화 즉 자신만의 실력을 키우는 길이라고 강조한다.

2020년 2월 3일 이종관 박사의 연구실을 방문할 기회가 있었다. 1만 권이 넘는 각종 도서, 수많은 상패와 훈·포장, 연구 자료가 벽면을 가득 채우고도 공간이 부족해 선반 위, 실내바닥까지 뒤덮을 정도였다.

이종관 박사는 시간 관리의 달인이다.

현대백화점그룹 인재개발원장 재직시절의 근무시간은 오전 9시부터 오후 7시까지였다.

그는 회사에 새벽 6시까지는 출근 완료하여 밤 9시에 퇴근했다. 이유가 있다. 근무시간을 제외하고 오전 3시간, 오후 2시간 하루 5시간을 자기 계발에 쏟았다.

덕분에 많은 자격증을 따고 다양한 분야의 박사과정을 공부할 수 있었다. 그래도 시간이 부족하여 집에 와서 잠자는 시간도 줄여야 했다. 지난 세월을 돌이켜 보면 그 시절이 가장 행복한 시절이었다고 털어놓았다.

그때 습관이 지금까지 계속되어 매일 새벽 2시가 넘어서 잠을 잔다니 그가 얼마나 큰 노력을 하는지 알 수 있다.

이종관 박사는 2000년 산업자원부 신지식인으로 선정되었으며, 국가서비스품질 우수기업인증제도 창안자이기도 하다. 그가 창안한 제도가 국가제도로써 지금까지 시행되고 있으며 그 외 '소액구매 고객전용계산대(조선일보, 1992. 3. 16.)', '지하철 출구번호 부여(서울특별시 시정모니터, 1999)', '초. 중.고 학교담벽제거(대통령자문 공동체위원회 위원, 2000)' 등 국가 제도 및 사회변혁에도 많은 기여를 하였다.

그는 2001년 1월부터 2010년 12월까지 10년 동안 국가산업표준심의위원으로 활동했다. 1인 다역으로 살아온 그는 2000년~2010년 서울시 시정 모니터로 있으면서 10년간 수많은 정책 제안을 하여 실용화에 기여했다.

"고객은 기다려주지 않는다. 처음 눈이 마주치는 순간 고객의 마음
을 움직이게 만들어야 한다. 그러기 위해서는 인상마케팅이 중요하다.
실패하는 인상도 성공하는 인상도 내가 하기 나름이다. 자신의 삶과
더불어 자신이 만들어 가는 것이다."

인상마케팅 창시자 이종관 박사의 말이다.
시간이 부족하다고 탓하지 말라. 시간은 만들면 된다. 자투리 시간
을 '금쪽'같이 활용하고 잠자는 시간을 줄여가면서 기록 분야의 그랜드
마스터로 우뚝 선 이종관 박사를 보면 안다.
(사)도전한국인본부가 공식 인증한 기록 분야 그랜드마스터 이종관
박사, 그의 기록 경신 행진은 지금 이 순간에도 계속 이어지고 있다.

WILDS EFFECTER

Want | 미래에 이루고 싶은 꿈이나 목표가 있다면 어떤 것들이 있으신가요?

— ① 제4차 산업의 핵심기술 중에 하나인 나노(Nano) 융합산업 연구에 관심이 많으며 특히 나노조합 핵심 응용소재개발 달성의 꿈.

② 각종 정보 및 R&D 지식을 통하여 생활관련 특허 3~4개 추가 실현(현재 '순한 생강분말 제조법' 등 관련 특허 및 저작권 25개 보유)

③ 시집 2권 추가 발간으로 총 15권의 시집 발간 목표(현재 '그리움만 고였어라' 등 13권 발간 실적)

④ 신외무물(身外無物)의 일환으로 석촌호수 10,000바퀴 목표달성.

Imagine | 원하는 것이 이루어진 상태를 상상하면 어떤 모습인가요? 무엇이 보이고 들리고 느껴지시나요?

— 꿈 및 목표 실현을 통하여 국내는 물론 세계의 "당뇨인에 대한 질병 개선 및 치료"에 이바지 할 것이며, 이를 통한 관련 사업을 구상 중이다.

Learn | 미래 성공 모습이 되기 위해 개발할 능력이나 학습하고자 하는 것들은 무엇인가요?

— 나노(Nano)관련 산업화전략 포럼, 응용전략 워크샵(Work-shop), 나노기술융합 전시회 등에 적극 참여로 산업동향 및 전문관련 지식 습득, 그리고 관련서적을 통한 지속적인 R&D 추구

Declare | 꿈과 목표를 이룰 것을 세상에 선언한다면 무엇이라고 말씀하시겠습니까?

— 나 이종관은 나노공학 R&D를 통한 "바이오 신약개발" 부문 개척자가 된다.

Share | 자신의 성장과 성취를 통해 얻은 결실, 배움, 지혜 등을 누구에게 어떤 방식으로 나누거나 기여하고 싶으신가요?

— 국내인은 물론 세계인이 당뇨병에서 탈피하는 계기를 만들고 싶다.

4장

Declare :

명확한 목표를 세워
당당하게 선언하라

노벨상 100명 만들기 운동 벌이는
세계전뇌학습아카데미 회장

김

용

진

"인간은 누구나 천재의 가능성 100%를 가지고 태어났다. 1,000억 ~1,200억 개의 뇌세포 중 미계발 상태로 있는 85%~93%의 뇌를 1%라도 더 계발할 수 있다면 인간은 모두 천재가 될 수 있다."

초고속 전뇌학습법으로 특허를 받은 김용진 세계전뇌학습아카데미 회장의 말이다.

김용진 박사는 두뇌개발 연구의 세계적 권위자이자 노벨상 후보로 추천을 받았던 인물로 인간의 능력을 극대화시켜 노벨상 100명 만들기 운동을 10년째 벌이고 있다. 그가 개발한 초고속전뇌 학습법은 '천재를 양성하는 지름길'로 학습자들에게 극찬을 받고 있다.

종종 뉴스를 통해 천재로 알려진 사람들을 접하지만 김용진 박사는 그들과 차원이 다르다. 본인 혼자 천재로 머무는 차원이 아니라 다수의 평범한 보통 사람을 후천적 천재로 만들어주는 사람이다. 이를테면 전무후무한 천재 양성 전문가다.

만나기만 해도 기분 좋고 힘이 솟는 사람이 있다. 김용진 박사가 바로 그런 인물이다.

김용진 박사를 행사장에서 자주 만났다. 만날 때마다 말없이 인사만 나누다가 한 번은 우연히 6명이 김용진 박사와 같은 원형 테이블에 앉아서 서로 인사를 하고 대화를 나누었다. 그런데 김용진 박사가 테이블에 앉은 참석자 전원에게 행운을 불러오는 돈이라면서 빳빳한 '2달러' 한 장씩을 나눠주었다.

그뿐이 아니다. 거실 벽에 걸어도 손색없을 정도의 명필 붓글씨로 새해 덕담을 적은 '코팅 A4용지'를 선물로 받았다. 알고 보니 평소에 그렇게 자주 해왔다는 것이다. 그가 어떤 사람인지 알 수 있는 대목이다.

시간은 제한되어 있는데 어떻게 하면 짧은 시간에 더 많은 책을 읽고 더 오래 기억할 수 있을까? 자기수도 학습법이 그 해답이다.

김용진 박사는 이 분야의 세계 최고 전문가다. 제2의 아인슈타인을 양성하는 초고속 전뇌학습법을 세계 최초로 개발해 40년째 보급해오고 있다. 할아버지, 아버지, 아들에 이르기까지 3대를 가르쳐오고 있다.

"꿈은 나이와 상관없다. 꿈이 있으면 뇌는 청춘이다. 스스로 일, 공부를 즐기면서 미치면 반드시 성공한다."

김용진 회장이 즐겨 쓰는 어록이다.

김용진 박사는 "우리 교육은 논리 중심의 좌뇌에 치중됐다."면서 "우뇌, 간뇌까지 활용해야 학습효과를 크게 발전시킬 수 있다."라고 조언한다. 전뇌학습법이 그 대표적인 방법이다.

전뇌全腦란 김용진 박사가 처음 사용한 용어로 지성의 좌뇌, 감성의 우뇌, 영성의 간뇌로 분류되는 뇌의 전부를 총칭하며 특허청에 등록되어 있다.

전뇌학습법은 고도의 집중력과 잠재된 전뇌의 능력을 깨워 학습능력을 크게 향상시키는 학습법(프로그램)으로 1968년 김용진 박사에 의해 창안되어 1979년 완성되었다. 세계 218개국 어느 나라의 언어, 문자에도 적용이 가능한 세계 유일의 학습법이다.

단기간에 독서능력과 학습능력을 배가시켜 내용을 충분히 이해하면서 책을 빠르게 읽고 주요 내용을 기억할 수 있게 해준다.

김용진 박사는 이율곡 선생, 퇴계, 사명대사와 같은 위인들이 책을 빨리 읽었다는 공통점을 발견하고 학습법 연구를 고안하게 되었다.

지난 1968년부터 7년간 초등학생부터 대학생, 일반인을 대상으로 실험을 거듭한 결과 1975년, 평상시보다 10배 이상 빠르고 정확하게 읽을 수 있는 독서법을 개발하였다.

우리가 알고 있는 기존의 속독 개념은 빠르게 읽기는 가능하지만 책에 담긴 내용이 머리에 제대로 들어오지 않는다고 생각할 수 있다.

김용진 박사가 정의하는 속독은 빠른 정독이다. 초고속으로 읽으면서도 깨알처럼 작은 글씨를 놓치지 않고 모두 머리에 박히도록 읽을 수 있어야 한다. 이게 가능하다니 말만 들어도 신기하고 놀랍다.

호주에서 직장생활을 하는 유학생이 전뇌학습 교육을 1년 받았다. 1년 동안 읽은 책이 영어원서 포함 5,650권이나 되는 성과를 얻었다. 전뇌 학습 효과로 영어원서를 거꾸로 들고 5분 만에 정독하여 주위를 놀라게 한 사례도 있다.

호기심이 발동하여 김용진 초고속전뇌학습법의 내용 속으로 살짝 들어가 보았다. 초고속전뇌학습법은 눈과 전뇌를 개발하여 비디오테이프 되감기처럼 책을 아주 빠르게 읽도록 유도한다. 단순히 눈만 글을 따라가며 굴리는 게 아니라 뇌가 함께 움직이며 집중력과 사고력, 이해력을 끌어올리고 상승작용을 불러일으키는 전뇌학습법이 포인트다.

이해력이 떨어지는 상태에서 아무리 빨리 책을 읽어보았자 의미가 없다. 전뇌를 개발하면 이해도와 집중력과 사고력을 높여주는 기적의 속독정독이 가능해진다.

집중력은 가지고 있는 능력을 하나로 모아주는 역할을 한다. 돋보기로 초점을 맞추는 이치와 같다. 가지고 있는 능력이 하나로 모아졌을 때 능력을 최대한 발휘할 수 있으면 집중력은 더 발전한다.

집중력이 없는 능력은 좋은 컴퓨터를 가지고 사용하지 못하는 것과 같다.

구구단을 가지고 집중력을 키우는 방법도 있다.

구구단을 2단부터 9단까지 정확하고 빠르게 외운다. 시간을 측정하여 시행할 때마다 시간을 단축하면 좋다. 그 다음 구구단을 거꾸로 외운다. 9단부터 시작하여 2단까지 정확하고 빠르게 실시하면 집중훈련의 효과가 탁월하다.

집중력을 키우는 훈련은 일상생활 속에서도 가능하다. 예를 들어 우리나라 전 국토의 70%를 차지하는 산 이름을 외운다.

처음에는 지도를 보고 도별로 기록된 산들을 외워 나간다. 익숙해지면 지도를 보지 않고 외운다. 다음은 다른 나라의 산 이름도 외우기 시작하여 점차 많은 산 이름을 외운다. 유명하고 큰 산을 위주로 외운다.

한강, 낙동강, 두만강 등 우리나라 강 이름부터 시작하여 다른 나라의 강 이름까지 외운다. 역시 마찬가지로 처음에는 지도를 보고 하다가 기억이 되면 보지 않고 외워서 한다.

구구단을 9단부터 거꾸로 하는 것과 산 이름, 강 이름을 한꺼번에 시간을 정해놓고 할 수 있는 만큼 한다. 익숙해져서 달달 외울 수 있을 때까지 시간을 단축해 가며 시행한다. 정해진 시간 안에 최대한 많이 할 수 있도록 계속해나가면 놀라운 집중력이 생긴다.

김용진 박사는 "영원한 청춘! 행복한 사나이 김용진입니다."라는 인사말로 강의를 시작한다. 74세 나이가 믿어지지 않을 만큼 건강하고 활력이 넘치는 이유를 알 것 같다.

전뇌학습법은 세계대백과사전에도 등재됐다. 코로나 발생 이후 학교나 학원의 오프라인 교육이 줄어들고 비대면, 온라인 교육이 확산되는 추세다. 이러한 현실에서 잠자는 뇌세포를 깨워 자기주도학습능력을 키워주는 '초고속전뇌학습법'이 주목받고 있다.

김용진 박사는 "초고속전뇌학습법을 제도권에서 도입하면 공교육을 살리고 사교육비를 줄일 수 있다."라고 밝혔다.

초고속전뇌학습법은 세계인이 배우는 학습법으로 미국, 영국, 캐나다, 스페인, 일본, 중국, 필리핀 등에서도 활용되고 있다.

김용진 박사의 저서 '초고속전뇌학습법' 또한 영어, 일본어, 중국어로 출간되어 300만 부 이상 팔리며 '글로벌 베스트 학습서'로 인기를 끌었다.

김용진 박사는 학생, 학부모, 시험준비생, 일반성인, 해외유학생(영어, 일어, 중국어, 프랑스어 등)을 대상으로 무료공개특강을 열고 있다.

서울 송파구 삼전동 180-1 호수빌딩 6층 세계전뇌학습아카데미에 가면 김용진 박사를 만날 수 있다.

WILDS EFFECTER

Want | 미래에 이루고 싶은 꿈이나 목표가 있다면 어떤 것들이 있으신가요?

— 전뇌(좌뇌, 우뇌, 간뇌)를 계발하는 특수학교설립.(결혼을 앞둔 미혼 남, 여에서부터 90세 이상 어르신까지.)

Imagine | 원하는 것이 이루어진 상태를 상상하면 어떤 모습인가요? 무엇이 보이고 들리고 느껴지시나요?

— 1. 평화로운 모습, 미소 띤 얼굴.

　2. 노벨상 수상자의 소감 발표.

Learn | 미래 성공 모습이 되기 위해 개발할 능력이나 학습하고자 하는 것들은 무엇인가요?

— 전뇌계발을 위해 여러 가지 방법들 명상, 호흡, 손발 활용법 및 기타 기구들을 만들고 싶다.

Declare | 꿈과 목표를 이룰 것을 세상에 선언한다면 무엇이라고 말씀하시겠습니까?

— 앞으로 10년 이내에 전 세계에 초고속전뇌학습법을 보급하여 뇌계발을 통해서 건강까지 좋아질 수 있도록 하겠다.

Share | 자신의 성장과 성취를 통해 얻은 결실, 배움, 지혜 등을 누구에게 어떤 방식으로 나누거나 기여하고 싶으신가요?

— 국내는 물론 전 세계에 초고속전뇌학습법을 보급하여 학생들 공부에서 해방시키고, 독서시간을 1/10로 단축시키는 것을 체인 형식으로 보급하겠다.

'농약대체' 유황규산 '오복이'로
명품 인증받은 코시팜스 대표

백
낙
영

충북 진천에 위치한 친환경 농자재 전문기업 코시팜스 백낙영 대표는 세계 최초로 유황과 규산을 합성하여 친환경농자재 '오복이'를 개발하였다.

건강에 대한 사회적 관심이 커지면서 채소나 과일 생산 농가에도 변화의 바람이 불고 있다.

인체에 좋은 것으로 알려진 유황을 적용한 채소나 과일을 치유, 웰빙 먹거리로 생산하는 농가 또한 꾸준히 늘고 있다.

이러한 현실에 부응하여 코시팜스 백낙영 대표는 수용성 유황규산 오복五福이를 개발해서 농민들에게 보급하고 좋은 먹거리 생산에 기여하고 있다. 유황규산으로 농산물의 부가가치를 높여주는 미래형 신개념 농법의 선두주자다.

백낙영 대표는 유황규산 제품 출시에 이어 미생물 환경을 이용한 천연 항생제 제품 등 다양한 기능성 친환경농자재 개발에 심혈을 쏟고 있다.

소, 돼지, 닭, 오리 등 가축에게 유황규산이 적용되는 친환경, 치유

먹거리 생산을 위해 사료 및 음용 자재 개발에도 박차를 가하고 있다.

"유황규산은 규산염과 유황을 결합시켜 수용화한 세계 최초의 친환경 농축자재이며, 생활용품과 의료산업에서도 아주 중요한 원재료입니다."

다른 미량원소도 마찬가지지만 규소와 유황은 사람은 물론이고 가축이나 식물에게도 꼭 필요한 필수원소라고 강조한다.

예로부터 친환경 농민들은 병해충 관리를 위해 농약 대신 유황을 사용했다. 하지만 유황은 불용성으로 물에 잘 녹지 않고 독성이 강해서 친환경 농약으로 사용이 쉽지 않았다.

안전하고 사용하기 쉬우면서 식물체 흡수가 잘 되는 유황자재 개발에 백낙영 대표가 두 팔을 걷어붙이고 나선 이유다.

백낙영 대표는 규산과 유황을 합성해 농가에서 농약을 대체해 편하게 사용할 수 있는 수용성 유황규산 오복이를 출시해서 친환경 농민들의 고민을 깨끗하게 해결했다.

세계 최초로 규산의 이온화 수용화(특허 제10-2143300호)와 유황과 규산의 합성에 성공하여 유황규산 신물질(특허 제10-2143302호)을 제조하고 있다.

도전하지 않으면 잃을 것도 없지만, 얻을 것도, 기대할 것도 없다. 피나는 노력과 끊임없는 연구가 백낙영 대표의 오늘을 있게 한 원동력이다. 백낙영 대표는 아무리 바쁜 일정에도 연구의 끈을 놓지 않고 계속

해왔다.

"식물체 흡수가 잘 되는 수용성 유황규산을 활용하면 농약을 사용하지 않아도 병해충에도 강하고, 맛과 당도가 향상된 고기능성 농산물을 생산할 수 있습니다."

백낙영 대표는 오복이를 사용하고 효과를 본 농민들의 입소문을 타고 주문이 들어올 정도로 반응이 좋다면서 말을 계속했다.

"오복이는 세계 최초로 유황과 규산을 이온 결합시킨 수용성 제품으로 모든 작물에 사용 가능하며 뿌리발육과 작물 생육에 도움을 줍니다. 작물에 100% 흡수되어 침투제, 전착제를 사용하지 않아도 됩니다."

백낙영 대표는 이어서 오복이를 사용한 농가의 구체적 사례를 들었다. 충남 서산시 고추 농가에서 오복이를 사용한 결과 흰가루병에 탁월한 효과를 보였으며, 전남 진도에서는 오복이 사용으로 고추 생산량 2배 이상 증수, 탄저병 예방효과를 확인했다고 설명했다. 경기도 화성과 경북 영천에서는 유황 규산 오복이를 활용한 기능성 유황쌀 시험재배에 성공했다.

유황 농산물은 부가가치가 높은 친환경 먹거리 생산을 제공하여 농가소득을 증대시켜준다. 이는 농업경쟁력 제고와 국가농업발전으로 이어지고 국민건강에도 기여하는 1석 3조의 효과가 있다.

대한민국은 조상 대대로 농업국가였다. 우리 선조들은 농심農心이 천심天心이고 농자천하지대본農者天下之大本으로 농업인이 세상의 으뜸이 되는 근본이라고 했다.

그런데 국내 현실은 어떠한가. 가격 경쟁력에 밀려 농업은 갈수록 뒷전으로 밀려나 천덕꾸러기 신세로 전락하고 말았다. 농촌 경제가 무너지면 나라도 무너진다.

농업이 살아야 농민이 산다. 농민이 살아야 농촌이 산다. 농촌이 살아야 나라도 산다. 식량자원이 국가 간에 무기가 되는 세상이다. 자원 빈국인 우리나라가 농업을 결코 소홀히 할 수 없는 이유다.

전 세계 코로나19 확산으로 그 어느 때보다 건강에 대한 국민들의 관심이 높아졌다. 이러한 사회 분위기 속에서 면역력 강화에 도움이 되는 먹거리가 큰 인기를 끌고 있다.

질 좋은 친환경 농산물의 수요도 덩달아 증가하고 있다. 농촌도 살리고 국가도 살리는 길은 고高부가가치 농업이다. 미래형 신개념 농법의 선두주자로 백낙영 대표가 한발 앞서 이 분야에 뛰어들었다.

유황 규산 오복이를 출시하여 친환경 농민들에게 농산물의 부가가치를 높여주는 효자 노릇을 톡톡히 해주고 있다.

백낙영 대표를 처음 만난 건 오복이 명품 인증 수상 행사장이었다. 오복이를 손으로 번쩍 들어 올리며 밝히는 수상소감에서 제품에 대한 자부심이 넘쳐 보였다.

"일반 농약을 농작물에 줄 때는 마스크와 방제복 착용이 필수죠. 그런데 유황규산 오복이는 친환경 제품으로 약해나 약흔 독성이 없어서 마스크나 방제복 없이 사용해도 무방합니다."

백낙영 대표는 또 다른 장점으로 사용하고 나서 남더라도 굳지 않아서 상온에 그대로 보관했다 필요할 때 재사용이 가능하다는 점을 들었다.

100% 이온 결합으로 노즐이 막히지 않고 흡수성이 뛰어나 드론이나 항공방제에 최적이라는 말도 덧붙였다.

백낙영 대표가 처음부터 이 분야에 뛰어든 건 아니다. 친환경 농업과 전혀 무관한 법학을 전공하고 돌고 돌아서 여기까지 왔다.

건강한 기능성 먹거리가 사람을 살리고 인류를 살린다고 생각하고 이 분야에 뛰어들었다. 대학에서 법학을 전공한 법학도가 친환경 농축자재 관련 발명특허 3개를 취득했다는 사실이 놀랍다.

백낙영 대표는 아직도 연구에 목말라 있다. 대학 졸업 이후 뒤늦게 충북대 공과대학원 공업화학과에 들어가 석사학위 취득에 이어 대학원 박사과정을 마치기까지 꼬박 10년이 걸렸다.

기업을 운영하는 CEO로 회사업무만으로도 버거운 상황이지만 금쪽같은 시간을 쪼개고 짬을 내어 학업을 병행해오다 보니 대학원 생활이 길어졌다.

"사실 유황을 이온화, 수용화하는 것은 생각할 수 없었습니다. 특히 무기물인 규산과 유황을 합성한다는 것은 지도교수님조차 상상을 못

했답니다. 앞으로는 이를 바탕으로 더 좋은 물질과 합성해서 더 좋은 물질을 만들 계획입니다."

백낙영 대표가 수용성 유황 규산 연구를 해오면서 세계 최초의 성과를 올리기까지 얼마나 마음고생이 컸는지 알 수 있다.

코시팜스는 국내를 넘어 해외로 연구 영역을 넓혔다. 백낙영 대표는 2020년 11월 30일 인도네시아 잼버 대학교와 유황규산 오복이에 대해 작물생육 및 효능에 대한 공동연구 계약을 체결했다.

이와 함께 제품 수출도 중국 대만 우즈베크에 이어 일본, 유럽, 베트남, 태국, 미국, 남미, 인도네이시아, 필리핀, 스리랑카 등으로 확대되고 있다.

백낙영 대표는 친환경 먹거리에 대한 국민들의 관심이 커지면 커질수록 친환경 농업인들의 수용성 유황규산 수요도 비례해서 증가할 것으로 기대했다.

WILDS EFFECTER

Want | 미래에 이루고 싶은 꿈이나 목표가 있다면 어떤 것들이 있으신가요?

— 안전한 먹거리 생산을 위해 농약을 대체하는 친환경농자재 개발..

Imagine | 원하는 것이 이루어진 상태를 상상하면 어떤 모습인가요? 무엇이 보이고 들리고 느껴지시나요?

— 모두가 건강하고 활기찬 사회.

Learn | 미래 성공 모습이 되기 위해 개발할 능력이나 학습하고자 하는 것들은 무엇인가요?

— 친환경소재를 합성하여 농약을 대체하는 신소재를 개발.

Declare | 꿈과 목표를 이룰 것을 세상에 선언한다면 무엇이라고 말씀하시겠습니까?

— 나는 2024년까지 천연항생제를 개발해 농축수산에 적용하여 국민들에게 건강하고 안전한 먹거리를 제공토록하고, 먹거리를 통해 질병이 치유되도록 하겠다.

Share | 자신의 성장과 성취를 통해 얻은 결실, 배움, 지혜 등을 누구에게 어떤 방식으로 나누거나 기여하고 싶으신가요?

— 장학금 지급 및 기술 전수.

'당신 멋져! 원더풀'
성공사관학교 총장

서
일
정

5,000번 명품강의를 목표로 삼고 신바람 강의를 펼치며 만나는 사람마다 '당신 멋져! 원더풀'을 연발하는 이 시대의 명물 시니어가 있다. 서일정 성공사관학교 총장이 바로 그 주인공이다.

　2021년 6월 4일 현재 통산 3,593번째 강의로 이미 목표(5,000번)의 70%를 넘어서 71.86% 통과 지점을 찍고 4,000고지를 향해 맹렬 대시 중이다. 말이 3,000번이지 아무나 할 수 없는 놀라운 열정이다. 고려대학교 명강사 최고위과정 대표 강사로도 활동하고 있다.

　한 개인의 활동과 능력이 '기업'이 되는 현실에서 최고의 경쟁력은 단연 브랜드 개발 능력이다. 이런 시대 흐름에서 살아남기 위해서는 강력한 퍼스널브랜드 구축 노력이 필요하다.

　서일정 총장은 누구라도 노력하면 명품 브랜드 '명품인재'가 될 수 있다면서 성공 키워드의 퍼스널브랜드 가치를 끌어 올려주는 맞춤 강의로 인기를 끌고 있다.

서일정 총장은 '한국타이어'에서 23년을 근무한 이후 다양한 현장 경험을 바탕으로 현재까지 3,000회가 넘는 강의로 전국의 수많은 사람의 인식을 변화시킨 명강사다.

1956년생으로 평생 애용했던 이름 서필환을 2020년 8월 5일 서일정으로 개명했다. 복잡하고 번거로운 절차를 감내하면서 개명한 이유가 있다.

용솟음치는 사명 실천을 위해 새로운 인생으로, 변화혁신 전문 강사로, 브랜드를 변경하여 신선함으로 재도전하기 위해서다.

2030년까지 5,000번의 명품강의 실현을 목표로 가는 곳마다 신바람을 불러일으키며 줄기차게 달려온 그는 어린이, 학생, 군인, 가장, 직장인, 강사로 맡은 직분과 역할에 따라 끊임없이 변화를 거듭해왔다.

그리고 지금은 변화와 성공을 퍼뜨리는 엔도르핀 강사로, 고려대학교 명강사 최고위 과정 운영대표로, 사람들을 강하게 끌어당기는 흡인력으로 늘 새로운 대화법을 만들어 강의 현장의 분위기를 쇄신해나가고 있다.

시작이 반이라는 마음으로 5,000목표 대장정을 향해 출발 테이프를 끊은 첫 강의는 2003년 3월 14일 삼성전자에서 이루어졌다.

그는 본래 23년을 한국타이어에 다니면서 사내 강사였다. 처음에는 생산직으로 입사하였으나 웅변대회에서 최우수상을 받고 회사 임원과 인사권자의 눈에 띄어 사무직으로 발탁되었다.

창의적이고 활동적이며 자신이 맡은 업무를 업그레이드, 변화시키는 능력이 탁월하여 사내 최다 제안상, 분임조 발표 대상도 그의 몫이었다.

충남 금산에 있는 한국타이어 연수원 '한타아카데미하우스' 이름도 공모 때 당선된 그의 작품이다.

한국타이어 사보기자 10년, 사무직 노사협의회 대표 등을 거치며 체육회 행사 때는 총괄 사회를 맡는 등 타고난 끼를 유감없이 발휘하였다.

서일정 총장을 2008년 8월 통산 1,188번째 강의를 기록한 시점에 처음 만났다. 당시 양어깨에 별을 주렁주렁 5개씩이나 단 복장이 시선을 확 끌었다. 이유가 뭘까 궁금해서 물어보지 않을 수 없었다.

"내 어깨 위에 올라앉은 별은 계급이 아니라 제 인생의 강의 목표입니다. 강의가 1,000번을 돌파할 때마다 작은 별이 큰 별로 크기와 색깔이 바뀌죠. 5,000번 하면 모든 별이 큰 별로 바뀔 겁니다. 2030년 9월까지 5,000번 명품강의를 하겠습니다. 그게 제 인생의 목표이자 강의 목표입니다."

그 말을 증명이라도 하듯 그날 이후 그를 만날 때마다 강의 횟수가 눈덩이처럼 불어나 2021년 6월 4일 현재 3,593번을 기록했다. 그동안 책도 19권이나 펴냈다.

"이 일 저 일 닥치는 대로 해보니까 별 효과가 없었어요. 각 분야 최고는 자기 목표와 사명이 분명하고 확실합니다. 그리고 온 세상에 그것을 선언하고 사람들이 알게 될 때 목표에 집중하고 더 노력하게 되더라고요."

그가 생각하는 성공의 원칙은 집중, 몰입과 숫자로 된 목표 그리고 지속력이다. 바로 그 지속력을 구체적으로 의미하기 위해 만천하에 5,000번을 내걸었다.

"많은 사람이 저를 통해서 제 강의를 통해서 성공하는 사람이 되도록 명품강의를 이어나가겠습니다."

부지런히 발품을 팔며 만나는 사람마다 '당신 멋져 원더풀'을 연발하는 서 총장은 "내가 현재 건강하면서 가족들로부터 존경받고 소속 구성원들로부터 본받고 싶다는 본보기가 됐을 때 그는 이미 성공한 사람"이라고 정의한다.

"내 강의 듣는 사람이 대한민국 전체 국민의 50%가 될 때까지 직강을 하고 싶습니다."

당당하고 신나고 멋지게 져주면서 남의 이야기를 경청하는 원더풀 리더 강사 서일정은 외친다.

더불어서 함께 원하는 목표를 향해 가지고 있는 영향을 풀가동하자. 그렇게 해서 원더풀한 작은 그릇들이 모여 큰 그릇이 되면 다 함께 누릴 수 있는 성공이 아니겠는가 하고…….

그는 기업, 교육 현장에서 잘 팔리는 강사로 정평이 나 있다. 그의 강점은 최고의 전문지식을 떠나서 상대를 올려주고 자신은 도움을 받는다는 마음가짐으로 강의에 임하는 자세가 겸손하고 충실하다는 사실이다.

주부, 어른, 전문가, 교육자, 기업 간부 등 다양한 사람들이 그의 강의에 열광하는 또 하나 이유는 늘 새로운 대화 기법으로 펼쳐지는 그의 강의가 지루하지 않을 뿐만 아니라 강의 이후의 피드백에 있어서 거의 최고로 만족한다고 인터뷰 자리에 함께한 동석자가 귀띔한다.

상대를 뛰어넘어 자기 분야에서 최고가 되려면 무조건 열심히 하는 이상의 그 무엇이 필요하다. 그것은 다름 아닌 '자신을 브랜드화'하는 전략이다. 차별성으로 무장한 자신만의 독특한 개인 브랜드를 구축해 '명품인재'로 거듭나야 한다.

'당신 멋져! 원더풀!'이라는 키워드를 만들어낸 그 역시 '2030년까지 명품강의 5,000번 실현'이라는 자신만의 비전을 수립하여 강의 때는 물론이고 만나는 사람마다 적극적으로 알려가고 있다.

그가 이토록 퍼스널브랜드 관리에 신경을 쓰는 데에는 다수 앞에서 공약함으로써 스스로 세운 목표를 다지고 앞당겨 달성하겠다는 의지가 담겨있다.

그는 개인별 명품인재가 기업이나 사회로부터 대접받는 시대에 명품을 부러워하는 인생이 되지 말고, 나 자신의 삶이 명품이 되라고 강조한다. 내 이름 석 자가 최고의 브랜드, 가장 빛나고 값비싼 명품이 되게 하자는 것이다.

0이라는 숫자를 보자. 숫자의 첫 번째 자리에 오면 아무 효과도 영향력도 없다. 그러나 뒤로 갈수록 그 영향력이 막강해져 10배 100배 1,000배 무한대가 될 수 있다.

그가 전국을 돌며 수많은 사람을 상대로 펼치는 성공학 강의 속에 개인 브랜드 가치를 높여주는 바로 그 '성공해법'이 들어있다.

"나에게 매일 특별한 선물로 돌아오는 오늘 하루를 충실히 살며 아끼고 사랑하겠습니다."

동에 번쩍 서에 번쩍 1년 365일 전국을 누비며 펼치던 강의 기세는 코로나로 잠시 꺾였지만, 그는 고려대학교 명강사 최고위과정 운영대표로 여전히 바쁘다.

자기 분야에서 최고가 되려면 노력 이상의 그 무엇이 필요하다. 독특하고 차별화된 자신만의 개인 브랜드를 구축해야 한다.

서일정 총장은 명품을 부러워하지 말고, 내 이름 석 자가 가장 빛나고 값비싼 최고의 브랜드가 되라고 강조한다.

서일정 총장은 코로나가 하루빨리 물러가고 신바람 명품강의를 이어갈 수 있기를 학수고대하고 있다.

코로나로 잠시 미뤄둔 5,000번 명품강의, 올 하반기 집단 면역이 형성되면 그의 꿈이 현실이 되는 날도 그만큼 앞당겨질 것이다.

WILDS EFFECTER

Want | 미래에 이루고 싶은 꿈이나 목표가 있다면 어떤 것들이 있으신가요?

— 5,000번 강의실천, 5,928명 강사양성, 고려대명강사최고위과정 22기까지 운영.

Imagine | 원하는 것이 이루어진 상태를 상상하면 어떤 모습인가요? 무엇이 보이고 들리고 느껴지시나요?

— 세상을 바꾸는 명강사.

Learn | 미래 성공 모습이 되기 위해 개발할 능력이나 학습하고자 하는 것들은 무엇인가요?

— 기술자격증 추가 3개 획득, 영상교육 달인 되기.

Declare | 꿈과 목표를 이룰 것을 세상에 선언한다면 무엇이라고 말씀하시겠습니까?

— 대한민국을 변화시킬 강사 5,928명 양성과 5,000번 강의를 통해 2030년까지 목표를 달성한다. 그리고 이후부터는 봉사와 헌신하는 삶을 실천한다.

Share | 자신의 성장과 성취를 통해 얻은 결실, 배움, 지혜 등을 누구에게 어떤 방식으로 나누거나 기여하고 싶으신가요?

— 당신 멋져! 원더풀, 성공 주문을 걸어라. 인맥의 달인을 넘어 인맥의 신이 되어라. 대한민국 대표 명강사 33인 등 19권 저서, 공저를 통하고 강의를 통해 지혜를 공유하고 싶다.

보이차(普洱茶) 박사 국내 1호 보이차 전문가

이
연
희

이연희

보이차普洱茶 전문가 이연희 휴다인 대표는 중국에서 보이차Puer Tea
로 학사, 석사, 박사 학위를 취득한 최초의 한국인이다.

중국에서 보이차를 10년 넘게 공부하고 돌아와 서울 조계사曹溪寺 옆
에서 휴다인을 운영하고 있으며, 대학 강단에서 학생들을 가르치는 일
도 병행하고 있다.

휴다인은 이연희 대표가 세계 차茶시장을 향해 '메이드 인 코리아' 돛
을 달겠다는 각오로 우리 차茶 연구와 개발을 하고 차인茶人들과 함께
시음하며 머무는 공간이다.

차인이 머무는 자리는 빛이 난다는 의미를 담은 휴다인에서 중국 역
사상 10대 유명브랜드 명차를 공급하고 있으며, 한국인들이 선호하는
보이차를 많이 공급한다. 보이차는 중국인들도 굉장히 선호하는 차다.

이연희 박사는 오래된 가짜 보이차를 명확하게 판별해내고, 시음을
통해 가격 대비 맛과 일치하는지 여부를 알려준다.

휴다인을 찾아가 문을 열고 내부로 들어서니 차茶와 다기茶器로 가득

하다. 호박 모양, 원형 기둥, 원판형, 장기 모양, 찻잔 모양, 엽전, 대통, 죽통 모양 보이차도 있다.

　대나무를 이용해서 높이 1m 25cm, 직경 30cm의 원통형 기둥 모양 (주차: 柱茶)으로 포장한 보이차(흑차)도 있다.

　"중국 광서, 귀주, 호남, 호북, 사천, 운남 등 6개 성에서 발효 흑차를 만들어내요. 이 흑차는 호남성^{湖南省}에서 압제해서 주차로 나가요. 무게 36.5kg로 천 냥 나간다고 해서 별명이 천냥차입니다."

　2001년 보이차 원료를 가지고 만든 주차^{柱茶}는 세계에서 단 3개뿐이다. 그중 하나는 중국 운남농대에 있고 두 개(생차, 숙차)가 휴다인에 있다.

　"세계에서 차 생산량이 가장 많은 나라가 중국입니다. 차 수출이 가장 많은 나라는 인도, 스리랑카지만, 차 생산량, 종류, 다양성은 중국이 세계에서 가장 많아요. 중국에서 나오는 차 종류만 해도 5,000종이 넘습니다."

　차는 차나무(학명: 카멜리아시네신스) 잎으로 만든 음료를 말하며 크게 분류하면 녹차^{綠茶}, 황차^{黃茶}, 흑차^{黑茶}, 백차^{白茶}, 홍차^{紅茶}, 청차^{靑茶} 등 6종류다. 발효 정도에 따라서는 발효차, 불발효차, 반발효차, 후발효차, 약발효차로 분류할 수 있다.

　요즘은 우리나라에 중국차가 많이 들어오는 탓에 국내 차^茶 생산 농가들의 어려움이 많다.

이연희 대표는 중국 운남성雲南省 운남농업대학교 차茶학과를 거쳐 중경重慶 서남농대 차학과 석사과정을 마쳤다. 중국 최고 명문 농업연구기관인 베이징 중국농업과학원에서 보이차 박사학위를 2014년 취득했다.

보이차 발효과정에서 형성되는 미생물중 가장 영향력 있는 흑곡균 Aspergillus niger이 있다. 흑곡균이 가장 많이 생성되는 효소중 락카제가 있다. 이 효소는 위를 보호한다. 이연희 박사는 이 흑곡균을 세계미생물은행에 등재했다.

"1994년 서울 인사동에 용운 스님이라고 계셨어요. 차에 조예가 깊은 스님이었죠. 제가 중국 유학 가기 전에 그 스님 밑에서 차 공부를 했어요. 차잎 채취부터 제다(製茶: 차를 만드는 행위)와 음다(飮茶: 차를 마시고 즐기는 행위)까지 모두 배웠어요."

1994년 당시 한국에 보이차가 많이 들어왔다. 그러면서 한국 보이차 시장도 문란해졌다. 보이차는 오래될수록 비싸고 좋으며 마시면 몸에 기운이 난다는 말이 전설처럼 나돌았다.

보이차를 둘러싼 말들이 사실인지 아닌지 밝히고 싶었다. 그래서 1998년 중국 운남성雲南省 운남농업대학교로 유학을 갔고, 차학과에서 보이차를 전공했다. 한국은 물론 전 세계에서도 운남농대 최초의 유학생이었다.

"운남농대에서 보이차를 전공하면서 어려움이 많았죠. 학교 지원을 전혀 못 받고, 논문 제목, 실험재료 등 모든 걸 혼자 알아서 다 처리했어요. 유학생이 저 혼자라서 울기도 많이 울었어요. 학부 논문은 서로 다른 지방에서 만들어진 보이차의 성분 비교였습니다."

그는 운남농대에 있을 때 방학 때면 운남에서 보이차 재배 현장을 많이 다녔다. 보이차를 많이 생산하는 맹해勐海 지역에서 발효과정을 보고 깜짝 놀랐다.

보이차 생산지인 중국 운남에서 보이차 수출이 줄어들자 1973년 발효 방법을 바꿨다. 물을 뿌려 발효시간이 단축되도록 제조한 것이다. 현대 보이차의 등장이다.

예전에는 차잎을 따 가지고 살청(殺青: 숨죽이기)과 유념(揉捻: 손으로 비비기) 과정을 거쳐 햇볕에 말려 반제품이 생산되었다. 살청과 유념 과정을 거쳐 햇볕에 건조한 상태의 차 원료를 쇄청모자(晒青毛茶 또는 晒青茶)라고 한다.

모든 보이차의 원료가 되는 쇄청모차를 증기로 쪄서 압제하여 다시 말린다. 이를 중국에서 전통 보이차라고 하며, 전통 보이차를 생차라 부른다.

여기에 다시 물을 뿌려 발효시킨 다음 증기로 쪄서 압제 포장하면 완제품 현대 보이차가 나온다. 현대 보이차를 숙차라고도 한다.

"차엽茶葉 더미에 물을 뿌려주면서 쌓아두기와 뒤집기를 35~45일에 걸쳐 6~8회 정도 발효시키는 작업이 너무 비위생적이었어요. 지도 교수님이 보이차 연구하지 말라는 이유가 이것과도 좀 관계가 있다는 것을 그때 알았어요. 보이차 발효 공정은 중국 국가 기밀입니다."

보이차는 운반하기 좋게 원료를 눌러서 압제하여 보관한다. 보관 형태는 잎차인 산차散茶, 쪄서 덩어리로 만든 긴압차緊壓茶가 있다. 압제 완정된 형태가 다양하다.

중국에서 보이차를 4년 공부하고 나서 그는 발효가 잘된 보이차 향이 발효의 향이라는 사실을 알았다. 또한 발효의 일수에 따라서 품질이 다르다는 사실을 알았다.

"그런데 오래되지 않은 보이차가 오래된 보이차로 둔갑하더라고요. 태국, 라오스, 미얀마에서 역으로 본산지인 운남으로 가짜 보이차가 들어와서 오래된 명품으로 팔리는 거예요."

운남 생산지에서도 가짜 보이차가 등장하는 현실을 안타까운 마음으로 지켜본 그는 공부를 더하겠다고 결심했다. 진짜 오래된 보이차인지 가짜인지 확인하고 싶어서 대학원을 갔다.

서남농대 대학원(차학과)에서 보이차 화학성분의 메커니즘을 연구했다. 차에서 우러나오는 화학성분이 변하는 색깔로 보이차 품질과 생산연도를 측정해낼 수 있는 공부를 했다.

중국 유학을 마치고 와서 보니 유학 가기 전보다 국내 보이차 시장이 더 혼란스러워진 사실에 깜짝 놀랐다.

"'보이차를 마시면 맛이 좋다.'가 아니라 '이 보이차 몇 년도에 나온

겁니까?' 이렇게 묻는 거예요. 보이차는 연도로 마시는 차가 아니라 맛으로 마시고 스스로 가격을 측정해야 한다고 생각해요."

그는 1994년부터 대만의 차茶 상인들과 접촉을 했다. 차에 대한 이론 공부와 재배, 생산, 유통 현장 공부를 병행하였다.

"석사 끝나고 한국에 3년 있으면서 연구소, 대학, 차 문화계 인사, 재배 농민들을 대상으로 강의를 했어요. 거의 특강이다 보니까 큰 도움이 안 되더라고요. 이렇게 해서는 안 되겠다 싶어서 박사 코스를 들어갔어요."

2009년 중국 농업과학원 박사과정을 시작했다. 우리나라에서 아직도 보이차가 많이 유동되는 현실을 반영하여 박사과정에서 보이차의 미생물에 대한 연구를 했다.

"보이차에 검은 곰팡이 '아스파라질러스 나이거'가 있어요. 그 안에 있는 피피오 효소의 유전자분석을 해서 피피오 효소가 보이차에 얼마나 많은 영향을 미치는지 연구했어요."

보이차 아스파라질러스 나이거의 피피오 효소 연구 박사 취득은 전세계적으로도 그가 유일했다. 학부, 석사, 박사를 보이차로 전공한 사람은 국내에서는 물론 그가 유일하고 전 세계에서도 열 손가락 이내로 꼽을 정도였다.

"보이차를 연구한 이유가 또 하나 있어요. 보이차는 모든 제다에서 마지막 단계까지 발효가 돼요. 보이차가 아닌 우리나라 차로 발효를 시켜보고 싶고 메이드 인 코리아로 세계시장 진출이 제 꿈이거든요."

이연희 박사는 우리나라 차를 가지고 메이드 인 코리아로 세계 수출을 꿈꾸고 있다.

"우리나라 차로 어떻게 제다를 해서 세계시장을 뚫어 나가야 할지 제가 우리나라의 지역적 특성을 알고, 보이차를 연구했기 때문에 가능하죠."

외국 손님이 휴다인을 찾아오면 그는 우리나라 녹차를 마시도록 한다. 그가 우려내는 녹차 맛을 본 외국 손님들은 베리굿을 연발한다.

요즘 그는 일과 대부분을 차의 대중화를 위한 연구에 매달리고 있다. 우리나라 차의 향을 응용하여 다양한 활용법을 연구하고 있다.

이연희 박사는 세계에서도 한국이 차茶 재배지로 가장 좋은 위치라고 말한다.

그가 중국에서 석사과정을 공부할 때 중국 보이차茶 공장 측으로부터 빨리 와달라는 전화를 받은 적이 있다.

"가보니까 독일 손님이 와서 한국 녹차를 마셔보고 이 차와 똑같이 만들어달라고 요청했대요. 중국 사람들도 마셔보니까 맛이 좋아서 만들고는 싶은데 방법을 모르겠다면서 어떻게 만드는지 알려달라고 했어요. 그래서 제가 한국에 정식으로 주문 오더를 내라고 했죠."

그는 유학 생활 때 경험한 에피소드를 털어놓으면서 이는 중국에서도 우리나라 차가 맛있다고 인정한 셈이 아니겠느냐고 반문한다.

"저희같이 정식으로 차를 공부한 사람이 우리나라 차를 좀 더 맛있게 만들어서 외국 시장을 넓혀 나가야죠."

우리나라 차 수출이 아직은 미미하지만, 우리나라 차 산업의 미래는 가능성이 무한하다고 본다. 그가 한국 차를 세계시장 수출 활로 개척에 기여하고 싶어 하는 이유다.

그는 차를 권할 때 그 사람의 체질을 봐서 몸에 맞는 차를 마시도록 한다. 차는 골고루 마시는 게 좋다면서 체질별 몸에 맞는 차를 팁으로 알려준다.

차는 식사하고 한 시간 후에 마시면 좋다. 하루에 30잔(머그컵으로 3잔) 이상을 초과하지 않는 게 좋다. 추위를 많이 타거나 체질이 약한 사람은 발효차를 따뜻하게 마시는 것이 좋고, 뚱뚱하고 위가 괜찮은 사람은 불발효차가 좋다.

빼빼한 사람일수록 뜨거운 물에 우려서 마실 수 있는 발효차가 좋다. 저녁에 잠이 안 올 때는 발효차를 마시는 게 좋다. 어린아이나 임산부는 차를 안 마시는 게 좋다.

수험생들은 불발효차도 괜찮다. 젊을수록 불발효차가 좋다. 햇볕이

날수록 불발효차가 좋다. 해가 질수록 발효차가 좋다. 노인분들은 발효차가 좋다.

　그는 차가 좋아서 중국으로 유학 가 보이차를 대학, 대학원, 박사까지 공부하고도 공부할 게 계속 나온다면서 깊이를 알 수가 없다고 한다.

WILDS EFFECTER

Want | 미래에 이루고 싶은 꿈이나 목표가 있다면 어떤 것들이 있으신가요?

— 제품을개발하여 수출하는 것이 목표이자 꿈이네요.

Imagine | 원하는 것이 이루어진 상태를 상상하면 어떤 모습인가요? 무엇이 보이고 들리고 느껴지시나요?

— 공장이 세워지고 선적되는 것을 보면서 감회의 눈물을 훔치는 모습, 그리고 세계 박람회에 직원들과 참석하여 바이어들과 상담하는 모습, 그리고 인터뷰하는 모습이 그려지고, 미약하게나마 느껴지고 노력해야겠다는 마음이 드네요.

Learn | 미래 성공 모습이 되기 위해 개발할 능력이나 학습하고자 하는 것들은 무엇인가요?

— 지금의 일들을 좀 더 체계화하고, 자신의 시간을 좀 더 늘려 아이템을 진행하고자 합니다. 자본이 없다는 것에서 힘들지만 노력해야겠지요.

Declare | 꿈과 목표를 이룰 것을 세상에 선언한다면 무엇이라고 말씀하시겠습니까?

— 인티맥스-휴다인은 인류의 건강과 함께하는 모범적인 기업이 되겠습니다.

Share | 자신의 성장과 성취를 통해 얻은 결실, 배움, 지혜 등을 누구에게 어떤 방식으로 나누거나 기여하고 싶으신가요?

— 전 세계 모든 사람들에게 기업은 이렇게 운영한다는 것에 감동이 되고, 인류는 어우러져서 사는 사회라는 것을 내가 사는 삶에서 그대로 전달되어 느끼게 하고 싶어요. 그러나 종종 지혜가 부족해 발전이 없다는 것에 힘들어요. 생각뿐인가라는 생각과 내가 이것밖에 안 되나라는 자멸감마저 들죠. 이런 생각 또한 안 된다고 생각하면서도 말이죠.

감사한 마음과 태도로
나눌 때 지속 가능하다!

WANT

IMAGINE

LEARN

DECLARE

SHARE

WILD
wildeffect

바른 자세와 바른 걸음
골반파워워킹 전도사

이
윤
숙

바른 자세와 바른 걸음, 골반파워워킹 전도사 이윤숙 원장은 날씬하고 쭉 뻗은 외모에 당당하고 활기찬 걸음걸이가 일품이다. 비결이 바로 골반파워워킹이라는 말에 귀가 솔깃해진다.

"다리를 꼬고 앉지 마라. 다리를 꼬고 앉으면 골반이 틀어진다. 골반이 틀어지면 척추가 문제가 된다. 척추가 문제가 되면 오장 육부가 안 좋아진다. 척추에는 오장 육부와 신경이 모두 연결돼 있다."

골반파워워킹 창시자의 금쪽같은 조언이다.

건강의 척도는 그 사람 몸 양쪽 골반의 균형감각을 보면 알 수 있다. 골반 한쪽이 삐뚤어지면 자세가 흐트러진다.

드라마를 보면 상전과 하인의 걸음걸이가 분명히 다르다. 극 중에서 하인의 걸음걸이는 속도가 빨라진다. 하인은 항상 종종걸음으로 걷는다.

"마님들은 천천히 걷잖아요. 빨리 걸으면 자세가 망가질 수밖에 없어요. 사실은 바른 걸음을 걸으려면 몸에서 리듬과 박자가 맞춰줘야 합니다."

이윤숙 원장은 당부한다.

전철에서 머리를 떨어뜨리고 스마트폰을 하면 안 된다. 그러면 경추가 너무 힘들어한다. 인체 중에서 머리 무게가 평균 4.5Kg으로 가장 무겁다.

인간은 왜 하필 가장 무거운 머리를 인체의 맨 꼭대기에 올려놓았을까? 바른 자세를 하지 않으면 그 무거운 머리통을 척추와 경추가 어떻게 감당하란 말인가.

그러니 출퇴근길에서라도 바른 자세로 머리에 짓눌린 척추와 경추를 편안하게 해주고 가야 하지 않겠는가.

혹시 스마트폰을 하더라도 머리를 떨어뜨리지 말고 바른 자세로 어깨 힘을 빼고 90도 각도 유지해서 시선으로 바라보고 하면 될 일이다.

걸음걸이와 자세를 보면 그 사람의 성격과 생활환경을 알 수 있다. 우울증 걸린 사람은 자세와 걸음걸이가 움츠려져 있다. 그러니 생각을 바꿔보자.

웅크린 자세로 걸으면 몸도 주눅이 들고 생각도 움츠러든다. 씩씩하게 걸으면 활기가 넘치고 우울증도 달아난다.

정신이 육체를 지배한다. 마음속으로 항상 바른 자세를 가져야 한다고 생각하면 정말 자세도 그렇게 바뀐다.

실패한 사람은 생각도 걸음걸이도 자신감이 없어 보인다. 성공한 사람은 마음도 걸음걸이도 위풍당당하다.

성공도 실패도 마음에서 나온다. 스스로 내 머리로 내 지시하에 성공한 사람으로 걸음걸이와 자세를 바꿔보자. 마음먹기에 따라 얼마든지 바꿀 수 있다.

바른 자세, 바른 걸음 파워워킹이 건강 비결이다.

움츠리고 걷는 걸음보다 가슴을 활짝 펴고 골반으로 활기차게 걸을 때 신진대사가 원활해지고 좋은 호르몬들이 생성된다. 그러므로 기분이 좋아지고 행복해질 수 있다.

"길거리를 다니다가 바르지 못한 자세와 걸음걸이로 걷는 사람들의 모습을 보면 안타깝기 짝이 없습니다."

이윤숙 원장은 그래서 모든 사람들에게 바른 자세와 바른 걸음으로 걸을 수 있는 노하우를 알려줄 수 있는 길이 어떤 길인가를 항상 찾고 있다.

이 원장은 바른 자세, 바른 걸음으로 온 국민이 건강해지는 그날까지 골반파워워킹을 전파하고 보급해야 한다는 사명감을 가지고 있다.

그는 주부모델로 입문해서 40대 1의 경쟁을 뚫고 발탁된 도브비누 광고모델 1기 출신이다. 공익광고 모델로도 뽑힌 경력이 있다. 모델 경력 26년으로 지금도 모델 협회 회원이다.

"제가 회사에 비서로 근무할 때 사모님이 제 걸음걸이를 보고 어느 날 지적을 해주셨어요. '왜 걸음을 화난 사람처럼 투덜대는 식으로 걷느냐? 걸음걸이가 보기 안 좋다.'는 거예요."

그때 그 사모님의 한 마디 지적이 그의 인생을 바꾸는 계기가 됐다. 그 이후로 걸음에 대해서 상당히 신경을 썼다. 그런데 막상 그를 가르쳐줄 만한 사람이 없었다.

그쪽으로 관심이 있던 차에 차밍스쿨why not을 알았다. 곧바로 '차밍스쿨'에 등록했다. 차밍스쿨을 졸업하고 나서 주부모델에 발탁됐다. 전문 모델스쿨에서 다시 모델 교육을 받고 노라노 디자이너 선생님의 전속 패션모델을 15년 했다.

그리고는 파리로 건너가 메이크업 스쿨을 공부하면서 J라는 워킹강사에게 '원 포인트 레슨'을 받았다. 그리고 한국에 와서 워킹클리닉을 개설했으나 너무 앞서간 탓에 문을 닫았다.

그러던 어느 날 우연한 기회에 병원에 가서 혈압을 측정해 보니까 고혈압이 나왔다. 담당 의사로부터 고혈압약을 처방받아 복용하면서 할 수 있는 운동방법이 뭐냐고 묻자 하체운동을 권했다.

그 얘기를 듣고부터 골반파워워킹을 시작했다. 모델 수업 중에 배우던 골반 워킹을 응용해서 '골반파워워킹'으로 개발했다.

열심히 골반파워워킹을 하다 보니까 1년 만에 혈압이 정상으로 돌아왔다. 그 이후로는 혈압약을 먹지 않는다.

자기 자신을 비롯하여 주위 사람들을 대상으로 그가 개발한 골반파워워킹을 지도해나가면서 신체에 놀라운 변화를 느끼고 체험했다. 그러면서 입소문을 탔고 지금도 많은 사람들을 지도해 나가고 있다.

경험, 지식, 관심, 노력, 지속성이 오늘의 그를 있게 한 원동력이다. 국내 누구도 흉내 낼 수 없는 독보적 위치에 올라섰지만 그는 지금도 계속 공부하고 연구하며 전문성을 키워나가고 있다.

걸을 때 몸의 중심을 앞으로 두고 걸어라. 발뒤꿈치로 착지하면 안 좋다. 앞꿈치 착지도 안 좋다. 넘어지더라도 앞으로 넘어져야 덜 다친다.

앞으로 넘어지면 얼굴, 무릎 타박상 정도 입을 수 있지만 뒤로 넘어지면 뇌진탕 등 생명을 위협받는 큰 부상으로 이어질 수 있다. 걸을 때 발을 발바닥 가운데로 착지해라. 그래야 몸이 중심이 잡힌다.

걸을 때 신발 앞부분이 너무 벌어지면 팔자걸음이다. 팔자걸음을 습관 들이면 골반에 힘이 없어지면서 배가 나온다. 신발의 앞머리가 지나치게 안쪽으로 모아지면 안짱걸음(오후각)이다. 그러면 괄약근이 느슨해지고 골반이 힘이 없어지면서 허리가 굽는다.

그런데 대다수 사람들은 잘못된 자세를 바로잡지 못하고 편하게 느끼는 자세로 살아간다. 그래서 오는 병들이 많다. 자세만 바로잡아 줘도 건강하고 행복한 삶을 살 수 있다.

아무리 생활이 바쁘고 힘들다 해도 항상 내 자세와 걸음걸이가 올바른지 잘못돼 있는지 내 몸에 관심을 가져보자.

"운동과 인간은 대가를 치러야 얻어지는 게 있어요. 회원들이 왜 이 먼 곳까지 와서 힘들게 수업을 받겠습니까? 나올 땐 귀찮지만 운동을 하고 갈 때는 너무 좋으니까. 그것을 아니까 하는 거죠. 계속하면 몸이 건강해지니까."

이윤숙 원장의 초청을 받고 그의 야외 수업 현장을 참관할 수 있는 기회를 얻었다. 2021년 5월 13일 오전 경기도 하남시 미사한강공원 4호 야외수영장 그늘막에 제자와 스승이 모였다. 바른 자세, 바른 걸음 골반파워워킹 강사 이윤숙 원장의 야외 교육 현장이다.

이날 교육에 참석한 제자는 모두 5명이었다. 50대 후반에서 70대 초반의 여성회원들이다. 2년 차 1명 빼고는 6년~9년째 골반파워워킹 교육을 받고 있는 '찐' 제자들이다.

이윤숙 원장의 골반파워워킹이 도대체 무엇이길래 한 번 회원으로 등록하여 수업을 받으면 장기회원으로 이어지는지 그 비결이 궁금했다.

막간의 휴식 시간을 틈타 회원들의 이야기를 직접 들어보았다.

머리가 왼쪽으로 기울어지고 팔자걸음을 걸었다는 제자가 먼저 입을 열었다.

병원에서도 못 고친 '고질병'을 여기 와서 완전히 고쳤다고 한다. 비결은 코어 근육을 강화시켜 주는 골반파워워킹이다. 팔자걸음도 여기서 고쳤다.

또 한 제자가 말을 잇는다. 직장생활을 오래 해서 어깨가 꾸부정하고 다리가 굽었다. 그런데 여기서 어깨도 펴지고 다리도 일자로 됐다.

나머지 회원들도 이와 다르지 않았다. 요약하면 골반파워워킹으로 하체 힘이 좋아지고 뱃살도 빠져 S자형으로 균형 잡힌 체형이 되다 보니 건강이 좋아지고 자신감도 생기는 일거양득의 효과를 톡톡히 보고 있다.

이윤숙 원장의 설명에 의하면 하체와 코어 근육이 강해져야 골반파워워킹이 가능해진다.

한 시간은 하체 근력강화훈련을 집중적으로 한다. 스쿼트 300개는 기본이다. 2교시에는 본격적인 골반파워워킹 실습이 진행됐다.

걸음걸이가 당당하다. 시니어 모델들의 패션쇼를 보는 듯한 착각이 든다. 강사와 제자가 크로스로 계속 런웨이를 한다.

골반으로 허벅지를 들어 올리고 배에 힘을 주어 다리가 골반 허벅지에 딸려 올라오듯이 발을 직각으로 들어 올린다. 앞으로 걸을 때 발바닥의 중심을 먼저 착지해야 한다.

워킹 교습이 끝나고 트랙을 두 바퀴 돈다. 그러고 나서 하이힐을 신고 런웨이를 한다. 하고 또 하고 몇 번을 계속한다. 마무리는 한 명씩 무대 위를 골반파워워킹하면서 당당함을 과시한다. 걸음걸이가 당당하고 파워가 넘친다.

오전 9시에 시작한 강의는 12시가 넘어서 모두 끝났다. 제자도 스승도 얼굴에 땀이 범벅되었지만 표정이 하나같이 밝고 환하다. 이들에게 매주 목요일 오전 2시간 30분 골반파워워킹은 일주일을 활기차게 만들어주는 엔도르핀이었다.

이윤숙 원장은 제자들 앞에서 직접 파워워킹을 보여주었다. 걸음걸이가 위풍당당하고 활기가 넘친다. 그가 걷는 모습만 봐도 그는 이미 성공한 사람이고 승리자winner다.

"지금부터라도 자기 자세와 걸음걸이에 관심을 가져보라. 바른 자세와 골반으로 움직이면서 걷는 바른 걸음을 하다 보면 건강해진다. 그러면 당당해지고 자신감이 생기며 남들이 보는 나에 대한 평가가 달라진다."

　바른 자세, 바른 걸음 골반파워워킹의 창시자 이윤숙 원장이 세상 사람들에게 자신 있게 권하는 말이다.

WILDS EFFECTER

Want | 미래에 이루고 싶은 꿈이나 목표가 있다면 어떤 것들이 있으신가요?

— 골반 파워워킹 확산을 위한 조직적인 뒷받침과 구체적인 이론화 정립입니다.

Imagine | 원하는 것이 이루어진 상태를 상상하면 어떤 모습인가요? 무엇이 보이고 들리고 느껴지시나요?

— 건강과 올바른 자세, 자신감을 키워주는 골반파워워킹의 창시자이자 건강전도사로 우뚝 서다.

Learn | 미래 성공 모습이 되기 위해 개발할 능력이나 학습하고자 하는 것들은 무엇인가요?

— 내가 국내 처음 개발하여 보급한 골반파워워킹에 대한 이론을 체계적으로 정립시키기 위해 계속 연구하고 노력하겠다.

Declare | 꿈과 목표를 이룰 것을 세상에 선언한다면 무엇이라고 말씀하시겠습니까?

— 나 이윤숙은 건강과 자신감을 키워주고 올바른 자세를 만들어 주는 골반파워워킹의 세계 최고 전문가다.

Share | 자신의 성장과 성취를 통해 얻은 결실, 배움, 지혜 등을 누구에게 어떤 방식으로 나누거나 기여하고 싶으신가요?

— 골반파워워킹이 확산되면 건강도 개선되고 자신감 향상, 자세 교정 등 일석 삼조의 효과가 있다. 이 분야의 전문가를 양성하여 골반파워워킹을 확산시키고 국민건강 개선에 힘을 보태고 싶다.

위기를 기회로 바꾼 용기와 희망의 메시지
고려전기소방안전관리(주) 대표이사

이

장

락

이장락

"안 되면 되게 하라!"

IQ가 아니라 깨우침–도전–열정으로 회사를 창업하여 경쟁력 있는
전기 소방 안전관리 전문 기업인의 반열에 우뚝 선 고려전기소방안전
관리(주) 이장락 대표의 서릿발 같은 어록이다.

이장락 대표는 초등학교 5학년 때까지 한글도 못 읽고 IQ 65에 말
더듬이 꼴찌 학생이었다. 그러나 열정 하나로 인생을 뒤집어 3개 회사
CEO가 되었다.

신장이식 2번에 심장 수술 그리고 소아마비와 언어장애까지 온몸이
종합병동이었던 최악의 콤플렉스를 성공 신화의 밑거름으로 삼아 인
간 승리의 주인공으로 변신했다.

현실은 나의 스승이요 고통은 창조이고 슬픔은 정화다. 패배는 깨우
침이고 실패는 나의 발견이니 절대 긍정 생각으로 승리할 때까지 도전
하자.

이 대표를 보면 콤플렉스도 경쟁력이 될 수 있다.

고려전기소방안전관리(주) 이장락 대표가 격변의 시대를 살아가는 현대인들에게 용기와 희망이 되기를 바라는 간절한 마음으로 위기를 기회로 바꾼 자신의 인생사를 진솔하게 고백한다.

다음은 그가 전하는 내용을 요약 정리한 내용이다.

우주에서 촬영된 사진에는 지구의 크기가 1픽셀도 안 된다. 새카만 융단에 묻은 티끌 같았다. 형용할 수 없이 크고 공허한 우주에서 우리가 서로를 만났다는 사실은 그 자체만으로 기적이다. 사랑만 하며 살기에도 인생은 너무 짧고 시간은 부족하다.

1. 가난하다고 말하지 마라

나는 5살 때 아버지를 여의고 홀어머니 밑에서 자랐다. 초등학교 5학년 때 경북 영덕을 떠나 대구로 전학 온 후부터 자취하면서 구두닦이, 신문 배달, 나염 공장, 프레스 공장 등에서 닥치는 대로 일을 했고, 고등, 대학은 야간학과를 졸업했다. 고생과 경험은 영원한 활력소다.

2. 운이 나쁘다고 말하지 마라

2살 때 소아마비에 걸려 완전히 마비가 되었으나 극복하고 지금은 한쪽 어깨만 조금 불편할 뿐이다. 초등학교 2학년 때부터 말더듬이로 학창 시절 내내 고통의 연속이었다. 회사생활에도 어려움이 많아 죽고 싶다는 생각까지 했었다.

회사 상사에게 실력을 발휘하지 못해 열등의식과 자괴감에 짓눌려 살았다. 정상인은 그 심정을 절대 이해할 수 없다.

나는 성인이 되어 언어 심리 책과 말더듬 교정학원(대구, 서울)을 수없이 다녀 심리 컨트롤을 했다. 아직 조금 투쟁 중이다. 참을성만이 견딜 수 있다.

대학을 졸업하기 전에 취업해서 첫 월급을 받고 나니 회사생활이 너무 즐거워 학교의 열등생이 사회의 우등생이 되겠다고 맹세했다. 그리고 대기만성형 기업인으로 거듭났다. 준비하라, 행운은 준비가 기회를 만날 때 우리에게 찾아온다.

3. 배운 게 없다고, 공부를 못 한다고, 몸이 약하다고 탓하지 마라

초등학교 5학년까지 한글을 깨우치지 못해 힘들었다. 나는 IQ 검사는 절대 믿지 않는다. 성공 신화는 IQ가 아니라 깨우침이고 도전이며 열정이다. 남의 말에 항상 귀를 기울였고 경청하는 습관은 나를 현명하게 가르쳤다. 초, 중등 시절 몽고간장, 참기름만 있으면 최고의 식단이었다. 당시 어린 마음에 앞으로 성공하면 큰 냉장고 안에 진귀한 음식을 가득 채워 실컷 먹는 꿈을 꾸었다. 그 꿈을 이루었다. 그러나 지금은 건강상 많이 먹지도 못한다.

4. 현실이 막막하다고 포기라는 말을 함부로 꺼내지 마라

나는 신혼 초 서울 강동구 암사동의 연탄 피우는 아파트로 들어가 살았다. 그리고 보증금으로 들어간 500만 원마저 1차 신장이식 수술비용으로 들어갔다. 일부 남은 돈을 가지고 하남시 신장동으로 이사 와서 수술 후 누워 지내는 1년간 집사람이 봉제공장을 다녀 번 돈으로 월 50만 원 이상 약값으로 들어가고 한 달 10만 원으로 1년간 버텼다.

이때 희망이 없어 보였다. 절망과 인생 포기라는 마귀의 시험에 질 뻔했다. 신장에서 쫓겨나 신림동 지하실 연탄 피우는 단칸방에서 생활했다. 전세금이 턱없이 부족하였지만, 회사에서 업무 처리 능력을 눈여겨본 사장님이 흔쾌하게 융자해준 덕분에 서울 생활을 시작했다. 감사함을 표현할 길이 없다.

5. 병고로 고통스럽다는 이유로 죽겠다고 말하지 마라

2살 때 소아마비로 장애 소리 들으며 죽을 고비를 수없이 넘겼다. 1987년 1차 신장이식(누님), 1998년 심장동맥 모두 막혀 우회 수술, 2003년 2차 신장이식(친구)을 받았다. 면역이 없어 감기만 걸려도 입원을 했다. 소변이 적게 나오거나 심장에 이상한 느낌이 올 때마다 초긴장했다. 심장 수술 후 너무 고통스러워 밤새 종교방송을 청취하며 마음의 위안을 얻었다. 그 계기로 종교에 귀의하여 지금 장로교회 집사로 있다. 하나님께 영광을 돌리고 모든 일에 감사하며 생활하고 있다.

6. 일자리가 없다고, 해고되었다고 사회를 원망하지 마라

1980년대 취업하려고 대구 3공단, 경상도 일원 회사에 이력서 60여 곳을 제출하였다. 나는 취업할 때 직접 현장을 찾아간다. 책임자를 직접 만나 나를 피력하고 취업에 성공하였다.

확고한 목표만 있으면 과감히 사표를 내고 도전하고 행동하라.

나는 꿈을 위해 기술을 배우려고 청춘을 불살랐다. 20대에 여러 직장을 옮겨 다니면서 전기, 소방, 통신, 공조냉동, 열관리 환경, 가스 위험물, 보일러, 기계설비, 설계 등 자격증을 취득하고 경험을 무기로 성공의 바벨탑을 쌓아 올리고 있다.

취업이 너무 어려워 취업을 마음대로 하려고 자격증 공부를 시작했다. 다양한 실무 경험과 실력만이 회사도 세상도 내가 원하는 대로 할 수 있다.

행동하라! 행동에는 말보다 훨씬 큰 힘이 있다.

7. 사업장, 전 재산이 파산했다고 죽겠다는 생각 마라

1997년 IMF 때 부동산 투자를 했다가 전 재산 다 날리고(마포 염리동 5층 건물, 신내동 주유소, 제주도 땅 등) 빚더미에 스트레스로 심장 수술까지 받았다. 무지와 과욕은 저승의 지름길이다. 부동산에 재도전하려고 한양 대학원 경·공매 과정을 수료했다. 지금은 남에게 부동산 컨설팅을 해줄 정도의 전문 실력을 갖췄다.

실패와 경험은 자신감을 키워주고 자신을 더욱 도전하게 한다. 실패를 반면 교훈으로 삼아 현재도 부동산 투자개발을 하고 있다.

8. 운명을 바꿔준 책 한 권과 다양한 경험들

내 인생은 마치 영화 '슬럼독 밀리어네어'(어릴 적부터 고난을 극복해나가는 다양한 경험들로 인도의 퀴즈왕이 되어 사랑도 찾고 최후 승리자가 되는 이야기)와 같다. 청소년 시절 가난과 문제아는 한때 나를 둘러싼 수식어들이다.

아무런 희망도 없던 시절 더 이상 바닥을 칠 수 없는 막장까지 갔지만 생각을 뒤집으면 처절한 인내로 이제 올라갈 결실만 남았으니 행운이 아닌가! 이는 과거에 습득한 세상살이 경험과 대응 전략의 결과물이다. 혹독하게 견디는 사람에게만 행운이 찾아온다.

나는 20세에 처음 읽기 시작한 책 한 권이 내 인생을 바꾸기 시작했다. 그건 바로 40세 이전 반드시 한 번은 '열공'을 해야 꿈을 이룰 수 있다는 내용이다. 행동만이 나를 변화시킬 수 있다.

부모, 형제, 친척도 포기하던 때 내 인생의 위기감이 엄습한 스무 살 책 한 권이 내 인생의 교차로였으며 인터체인지였다.

두려움을 가로질러 시도하기만 한다면 우리는 원하는 것을 해낼 수 있다.

WILDS EFFECTER

Want | 미래에 이루고 싶은 꿈이나 목표가 있다면 어떤 것들이 있으신가요?

— 전기안전관리 소방관리, 공사, 시설물관리 등등 국민의 재산과 생명을 지키는 일선에서 사명감을 갖고 중소기업 일등회사로 도약하는 목표.

Imagine | 원하는 것이 이루어진 상태를 상상하면 어떤 모습인가요? 무엇이 보이고 들리고 느껴지시나요?

— 버킷리스트 50가지를 실행해 가고 있으며 고려시대 나옹 선사 詩 '청산은 나를 보고~~'처럼 살려고 노력한다. 즉 마음과 육신에 욕심을 버리고 항상 즐겁고 멋지게 살려고 한다.

Learn | 미래 성공 모습이 되기 위해 개발할 능력이나 학습하고자 하는 것들은 무엇인가요?

— 인문학을 배우고 좀 더 철학적인 깊은 지혜로 중후한 남자로 발전시키고자 한다.

Declare | 꿈과 목표를 이룰 것을 세상에 선언한다면 무엇이라고 말씀하시겠습니까?

— 나 이장락은 지식 지혜도 중요하지만 세상살이에서 다양한 경험들이 자신감 배짱 등 성공을 이루는 가장 핵심이다.

Share | 자신의 성장과 성취를 통해 얻은 결실, 배움, 지혜 등을 누구에게 어떤 방식으로 나누거나 기여하고 싶으신가요?

— 나의 다양한 실전 경험을 활용하여 인생 백과사전으로 강의도 하고, 남녀노소 누구나 특히 청소년 들에게 자신감과 자존감을 높여주는 인간사 멘토가 되어 주고 싶다.

말 잘하고 글 잘 쓰는 스피치코칭의 절대강자
스피치리더십연구소 대표

이

창

호

숨 쉬고 밥 먹듯 누구나 하는 말이지만 1979년부터 줄곧 한 우물만 파온 '스피치의 달인'은 과연 달랐다. 그의 입을 통해서 나오는 말은 단순한 말이 아니라 스피치학 최고 전문가의 깊은 내공에서 품어져 나오는 고품격 화술이었다.

이창호스피치리더십연구소장은 스피치코칭의 일인자로 군림해왔다. 이 시대를 대표하는 스피치리더십 교육의 절대강자로 40여 년째 강의해오고 있고 인문학 등 다양한 분야에서 대중 강의로 이름을 날린 전국구다.

글쓰기가 되는 스피치 강사.

통상 말 잘하는 사람은 많지만 글이 안 되고, 글 잘 쓰는 사람 역시 많지만 말이 안 된다. 그러나 그는 말 잘하고 글 잘 쓰는 양수겸장이다. 자신의 이름을 딴 '이창호스피치'를 고유브랜드로 구축하고 강의, 강연과 글쓰기를 병행해왔다.

이창호 대표는 아무리 화술이 뛰어나도 행동이 따르지 않는 사람은 스피치 달인이 아니라 양심 불량이라고 단호하게 내친다. 그리고 자신의 입으로 쏟아낸 말에 100% 책임이 따라야 하며 행동과 말이 일치하고 말 이후에도 좋은 결과와 영향력을 미쳐야 진정한 스피치 달인이라고 정의한다.

"죽는 순간 많고 많은 사람 중에서 그래도 이창호가 괜찮구나. 평생을 그렇게 큰소리치고 열정적으로 강의하더니 뒤끝이 없이 깨끗하다고 하는 소리를 듣고 싶어요."

숱한 어려움 속에서도 흔들림 없이 한 우물을 파오면서 내공이 깊어진 그의 가치관을 엿볼 수 있다.

"철저하게 준비된 말은 당당하고 자신 있는 나를 만든다."라는 신념으로 살아왔다는 그는 "강사는 재미와 감동 이전에 '왜 강단에 서는가'에 대한 질문을 스스로에게 해야 한다."라고 조언한다.

내가 먼저 자신을 알리지 못하면 그 누구도 알아주지 않는 세상이다. 하루가 다르게 급변하는 정보화시대를 맞아 철저한 언어관리와 자기표현이 정확하고 대인관계가 좋을수록 성공 가능성이 크다. 그러기 위해서는 철저한 계획과 전문가의 도움이 그 어느 때 보다 절실하다.

다양하고 복잡한 글로벌 시대의 성공 키워드로 설득력 있는 스피치가 요구되는 상황에서 끊임없는 화술연구로 고도의 전문성을 확보하고 수준 높은 강의를 지속해서 펼쳐온 그가 딱이다.

국내 최초로 2003년 스피치지도자(1~3급) 자격증을 개발하여 더욱 체계적이고, 전문화된 지도자를 양성해온 이창호 대표는 앞으로 스피치리더십연구소를 글로벌리더를 육성하는 스피치커뮤니케이션 리더십 전문대학원으로 키워나갈 계획이다.

"말하는 스타일을 자기 주도형으로 나가지 말라. 공격형은 화자 본인에게 성장 촉매가 될지 모르지만 거기에는 반드시 남을 희생시킨다. 나만 옳다는 생각을 하지 말고 상대방의 메시지도 귀담아들어라. 시대의 흐름을 간파하라."

강사란 자신을 빛나게 하는 사람이 아니라 교육받는 사람을 빛나게 해야 한다는 소신으로 40여 년 긴 세월을 한 우물만 파온 이 시대 스피치의 절대강자 이창호 달인의 깊은 내공에서 우러나온 말이다.

그 어느 때보다도 정보전달 능력과 커뮤니케이션의 중요성이 강조되는 시대인 만큼 스피치 달인인 그를 만나 한두 시간만이라도 스피치 강의를 듣는다면 남은 인생이 바뀔 수도 있다는 생각이 들었다.

그는 40여 권의 책을 펴낼 정도로 글쓰기 작업도 활발히 해오고 있다.

'성공을 부르는 코칭의 힘', '스피치 달인의 생산적 말하기', '칭찬의 힘', '리더십의 현대이론' 등 그가 쓰는 책은 종류도 내용도 방대하고도 다양하다.

그가 저술한 책은 문화체육관광부의 우수학술도서(아동의사 소통교육)에 선정되는 등 일반 대중들뿐만 아니라 교육계에서도 주목을 받고 있다.

교과서에도 실렸다. 국정교과서 초등학교 6학년 읽기 도서 및 고등학교 국어ᵗ 교사용 지도서 등에 글이 수록됐다.

이창호 대표는 현재 이 분야에서 가장 영향력 있는 인물 중 한 명으로 평가받고 있다. 이창호 대표는 자신의 경쟁력을 업그레이드시키는 비결로 독서를 권한다.

"나의 힘은 독서"라고 외치면서 사흘에 한 권꼴로 책을 읽는 독서광으로 "급변하는 시대의 흐름을 읽고, 자신의 경쟁력을 키울 수 있는 원동력이 바로 독서"라고 강조한다.

그의 강의가 때와 장소에 따라 유동적이고 탄력적이라는 호평을 받는 이유도 독서로 무장한 힘이 뒷받침해주기에 가능한 일이다. 폭넓고 해박한 지식과 동서양을 넘나드는 역사의식도 독서의 힘이다. 그는 정치교육학 박사이기도 하다.

'이순신 리더십', '시진핑 리더십', '안중근 평전' 등 그가 저술한 책의 제목만으로도 그가 얼마나 확고한 역사관과 나라를 걱정하는 마음을 가졌는지 알 수 있다.

시대를 앞서간 역사의 인물들을 통해 그들의 리더십을 배우고 현실에 접목, 응용하여 오늘보다 더 나은 미래를 만들어나갈 수 있다.

그는 평생 쌓아 올린 노하우와 지식창고(머리)를 스피치코칭으로, 글로, 책으로 풀어낸다. 그렇게 대중들과 소통하고 독자들을 만난다.

이창호 대표는 소통의 리더십을 강조한다.

세상을 이끄는 리더의 힘은 소통이다. 소통은 타인을 이해하고 협상하고 포용하고 상대방을 사랑하는 마음을 갖추어야 할 최고의 덕목이다. 사람을 감동시켜 움직이고자 한다면 구성원과의 소통의 힘을 발휘해야 한다.

현대사회의 가장 심각한 문제 중의 하나가 불통이다. 아무리 세상이 변해도 변하지 말아야 할 원칙 '기본'은 소통의 힘이다.

상위 1% 리더가 되기를 원한다면 그 어떤 경우에도 올바른 약속을 바꿔서는 안 된다. 한 번 세운 약속은 최후까지 유효해야 한다. 정해진 약속을 잘 지킬수록 구성원은 그 약속을 더 잘 따르게 되어 있다.

스피치학 최고 전문가는 말한다. 현자賢者의 솔루션은 경청이라고……

말을 잘하기 위해 우선 잘 듣는 것이 동서고금의 변함없는 스피치 제1법칙이다. 말을 많이 하고 나면 뒤끝이 개운치 않을 때가 있지만, 잘 들어주고 난 다음에는 후회가 없다.

이창호 대표는 1998년부터 중국과 교류해온 중국 전문가로 '팍스 차이나' 등 중국 관련 서적을 펴냈으며 중한교류친선대사, 한중교류촉진위원회 위원장을 역임했다.

지구촌을 강타한 코로나 여파로 이창호 대표도 어려움에 부닥쳐있는 현실이지만 악조건 속에서도 바쁜 일정을 보내고 있다. 대중 강의는 줄었지만 허투루 보내는 시간이 없다. 저술 활동도 열심이다.

이창호 대표는 따끈따끈한 신작 1% 변화를 꿈꾸는 '긍정의 온도'를 2021년 6월 출간했다. 변화무쌍한 우리의 감정을 이해하고, 강렬한 감정을 다스리는 보편적이고도 구체적인 방법을 독자의 눈높이에 맞춰서 진술하면서도 명확하게 풀어낸 책이다.

그는 말한다.

"내가 쓴 글을 읽는 주체가 누가 될지는 모르지만, 그들과 함께 생각을 공유하고 그들에게 하나의 방향 및 사상을 전할 수 있다는 것만으로도 행복하다."

WILDS EFFECTER

Want | 미래에 이루고 싶은 꿈이나 목표가 있다면 어떤 것들이 있으신가요?

— 나의 꿈은 원대하다, 이렇게 말하면 남들은 내게 꿈이 대통령이냐고 묻는다. 그러면 나는 대답한다. 내 꿈은 나를 만나는 사람들에게 첫 번째 전략은 '행복'해지는 것이다. 두 번째 전술은 위대한 것도 아니다. 그냥 진심으로 가슴을 맞댈 수 있는 돈독한 '인간관계(꽌시)'다.

Imagine | 원하는 것이 이루어진 상태를 상상하면 어떤 모습인가요? 무엇이 보이고 들리고 느껴지시나요?

— 구동존이(求同存異)의 지혜이다. '서로 다른 점은 인정하면서 공동의 이익을 찾는 것'이다. 하지만 강연을 하다가 무대에서 쓰러져 부축을 받아 나오는 것. 중요한 것은 첫째도 열정, 둘째도 열정이며 결국 정성과 공(空)이다.

Learn | 미래 성공 모습이 되기 위해 개발할 능력이나 학습하고자 하는 것들은 무엇인가요?

— 내 책상 위에는 '15초를 참아라', '인내가 없으면 꿈을 따라갈 수 없으며 학습은 절대 배반하지 않는다', '정성이 가득하면 기적이 일어난다'라고 쓰인 세 장의 종이가 항상 끼워져 있었다. 매일 아침 되새기며 실천하는, 이것이 바로 나의 철칙이다.

Declare | 꿈과 목표를 이룰 것을 세상에 선언한다면 무엇이라고 말씀하시겠습니까?

— 나를 만나는 모든 사람들에게 '넘을 수 없는 겨울은 없고, 오지 않은 봄은 없다'.라는 희망이 가득 찬 메시지를 전하고 싶다. 게다가 나는 동서고금에서 신망을 받는 사람이어야 하고 창조성이 풍부하며 선명한 추진력이 있는 사람이다.

Share | 자신의 성장과 성취를 통해 얻은 결실, 배움, 지혜 등을 누구에게 어떤 방식으로 나누거나 기여하고 싶으신가요?

— 세한송백 장무상망(歲寒松柏 長毋相忘. 추위에도 의연한 소나무와 잣나무처럼 오래도록 서로의 우정을 잊지 말자)라는 말처럼 한마음으로 힘을 모으고 함께 어려움을 이겨낸 것이다. 그리고 말을 잘하는 것은 스펙에 의해 결정되는 게 아니며 격조 있는 품성의 함양과 탁월한 지도력이 필요하다. 이러한 성장과 성취를 통해 나의 도움이 필요한 모든 사람에게 진정한 멘토의 역할을 해주고 싶다.

5장

Share :

사람과 사업이
지속하기 위해서는
감사한 마음과 태도로
나누어야 한다

재능기부 하면 떠오르는 '덕분에' 원조가수

구
재
영

재능기부 가수 하면 떠오르는 이름이 있다. '덕분에'로 인기 상승세를 타고 있는 한국재능기부협회 홍보대사 구재영이다.

'고맙습니다… 감사합니다…… 덕분에 덕분에 웃고 삽니다…….'

재능기부 트로트 가수 구재영의 오늘이 있게 해준 대표곡 '덕분에' 가사 시작 부분이다.

마음에 확 들어오는 내용과 쉬운 멜로디에 편하게 따라 부를 수 있는 중독성이 있다. 감사, 사랑, 행복을 노래에 담아, 쉽사리 전하기 어려운 누군가의 마음을 대신하고 있다.

그의 꿈은 어려서부터 가수였다. 그리고 늦깎이로 가수의 꿈을 이루었다.

포기하지 않고 노력하면 언젠가는 꿈이 현실로 바뀐다. 구재영 가수가 바로 그런 인물이다.

무일푼으로 상경해 자리를 잡고 자신의 이야기를 노래로 담은 첫 앨범(맨발의 청춘)을 2014년 발표하고 50대 나이에 가요계에 데뷔했다. 그리고 2017년 발표한 2집 앨범 '덕분에'로 인기 상승세를 탔다.

구재영 가수의 똑 부러지는 무대 매너와 구성지고 힘찬 목소리는 듣는 사람들의 마음을 단숨에 사로잡아버린다.

'평소에 잘하자. 이제 내 인생 살겠다. 오늘이 즐거워야 미래도 있다. 오늘이 쌓이면 미래가 된다.'

구재영 가수가 살아가는 삶의 가치관이다.

그는 자녀들을 공부 다 시키고 나서 자신의 꿈을 찾아 늦깎이로 데뷔앨범을 발표하고 트로트 가수의 길을 가고 있다.

구재영 가수는 인간관계를 소중히 여긴다. 누구를 만나더라도 대접을 받기보다 자신이 먼저 상대를 배려하고 마음을 써준다. 한번 인연을 맺으면 쉽게 끝나지 않는다.

그가 들려준 동훈 스님(대구 삼보사 주지)과의 인연이 흥미롭다.

스님이 출연 중인 방송에서 신청한 곡이 구재영 가수의 대표곡 '덕분에'였다. 동훈 스님은 2주에 한 번씩 서울 BTN 불교방송 녹화를 위해 대구에서 올라온다. 그때마다 구재영 가수가 하는 일이 있다.

동훈 스님이 KTX를 타고 서울에 도착할 시간에 맞추어 구재영 가수가 자가용으로 대기하고 있다가 방송국까지 모셔다드린다.

스님과의 인연은 코로나 시국에도 이어졌다. 사부처럼 모시는 스님이 구재영의 낡은 자동차를 보고 스님의 최고급 신형 승용차를 구재영에게 가지라면서 선물로 주었다. 소설에나 등장할 이야기가 구재영에게 그렇게 현실로 나타났다.

험난한 세상을 살다 보면 오르막도 있고, 내리막도 있다. 구재영 가수도 예외가 아니다. 지금의 아내를 처음 만났을 때만 해도 그는 무일푼 신세였다. 시골에서 무작정 상경하여 월세살이를 하면서 먹고 살기 위해 닥치는 대로 일을 했다.

당시 그를 눈여겨보던 한 기업인이 있었다. 성실하고 자기 일에 최선을 다하는 청년 구재영과는 학연도, 지연도, 혈연도 없는 자영업자였다. 그 사장님이 청년 구재영에게 물었다.

"결혼하면 살 집은 있나?"

구재영이 대답했다.

"월세 살고 있습니다."

그러자 사장님은 월세 살면 나가는 돈이 많아서 재산을 모을 수가 없으니 전세를 얻어야 한다면서 그에게 파격적으로 거금을 건네주었다.

1980년대 초반에 2,000만 원을 자기앞 수표로 한 장 끊어서 아무런 조건 없이 준 것이다. 구재영이 돈을 꾸어달라고 요청한 것도 아니었다. 더구나 당시 구재영은 재산 한 푼 없는 빈털터리였다.

구재영은 그 돈을 받은 이후로 더욱 이를 악물고 열심히 일했다. 그리고 이후 번듯한 전셋집을 얻어서 사랑하는 아내와 결혼도 했다.

200만 원, 300만 원, 돈이 모이는 대로 사장님에게 받은 돈을 갚아나갔다. 그리고 마침내 2,000만 원을 모두 갚았다.

사장님은 구재영에게 말했다.

여러 사람들에게 조건 없이 돈을 주었지만 그 돈을 갚은 사람은 지금까지 구재영 당신밖에 없었노라고. 가수이기 이전에 인간 구재영이 어떤 사람인지 알 수 있는 대목이다.

구재영 가수는 재능기부와 봉사를 많이 하는 가수로 알려져 있다. 자신의 노래를 듣고 기뻐하는 어르신들을 보면 덩달아 기분이 좋고 기운이 난다고 말한다.

그는 충남 서천이 고향으로, 마을 어르신들을 3년째 찾아가 효도 잔치를 열었다. 어르신들이 한 분 두 분 돌아가시고 시골 인구가 갈수록 줄어 안타깝게도 효도 잔치를 더는 할 수 없는 상황에 이르면서 고향 주민들에게 기념 타월을 선물하는 선행을 몇 년째 계속해오고 있다.

구재영 가수는 자신이 더 인기를 얻고 출연료가 올라가면 더 많은 기부를 하고 싶어 한다. 돈을 벌기 위해서 가수를 하는 게 아니라 더 많은 기부를 하고 싶어서 가수로 더 많은 인기를 얻었으면 좋겠다고 한다. 그래서 더 많은 인기를 얻고 출연료가 높아지면 받는 출연료의 절반을 기부할 생각이다.

세상이 갈수록 삭막하고 인정이 메말라간다고 하지만 아직도 우리 주변에는 사회를 훈훈하게 밝히는 등불 같은 사람도 있다. 구재영 가수도 그런 사람이다.

알고 보면 세상에는 이런 사람도 많다. 우리 사회가 이만큼이라도 돌아가는 이유가 아닐까 싶다.

언제부턴가 서울 신촌 로터리 전광판에 트로트 가수 구재영이 반복 노출돼 눈길을 끌었다. 재능기부 가수의 선행을 눈 여겨 본 전광판 사장이 광고판에 그를 띄워준 것이다.

코로나가 발생하기 전에 구재영 가수는 전국 무대를 누볐다. 트로트 곡 '덕분에'가 인기 상승세를 타면서 공연 요청 러브콜이 쇄도했다.

진행자로도 잘나갔다.

2019년 9월 26일 서울 종로에서 제1회 종로트롯가요제가 열렸다. 전국 예선을 거쳐 본선에 오른 14명이 이날 최종 무대에 올랐다. 오전 10시부터 오후 5시까지 진행된 이날 1부, 2부 행사의 진행자는 바로 구재영 가수였다.

이날 특히 KBS 전국 노래자랑 최장수, 최고령 MC이자 국민 오빠 송해가 출연하여 열렬한 환호를 받았다.

구재영 가수는 여가수 정선희와 더블 MC로 나와 행사의 처음부터 끝까지 진행을 맡았다. 구재영 가수는 행사 중간에 자신의 히트곡 '덕분에'와 '맨발의 청춘'을 불러 가수와 MC로 종횡무진했다.

가수로 또는 MC(진행자)로 무대 위에서 더욱 빛이 나는 사람, 그가 바로 '덕분에'로 인기 상승세를 타고 있는 재능기부 트로트 가수 구재영이다. 덕분에 원조 가수답게 구재영 가수는 코로나송도 발표했다.

고맙습니다~ 감사합니다~ 의료진 덕분에 웃고 삽니다~ 그대께서 귀

하께서 고생하지 않았다면~ 코로나를 어찌 이겨냅니까~ 고맙습니다~ 감사합니다~ 다 여러분의 덕분입니다~ 코로나는 잊으시고~ 좋은 날만 있기를~ 대한민국 최고야~ 의료진이 최고야~ 덕분에 모두 건강합니다.

구재영의 코로나송 가사 내용이다. 코로나가 하루 빨리 종식되기를 바라면서 코로나를 극복하기 위해 고생하는 의료진을 위로하고 감사하는 마음을 담은 노래 가사가 구재영 가수 특유의 경쾌하면서도 감성 넘치는 목소리와 멋진 하모니를 만들어 내면서 강한 울림을 준다.

코로나 직격탄을 맞아 인기 상승세가 꺾였지만 구재영 가수는 여전히 열심히 뛰고 있다.

개인주의가 만연한 요즘 시대에 구재영 가수의 대표곡 덕분에가 세상을 훈훈하게 만들어주는 디딤돌이 되었으면 좋겠다.

WILDS EFFECTER

Want | 미래에 이루고 싶은 꿈이나 목표가 있다면 어떤 것들이 있으신가요?

― *지금보다 더 인기 가수가 되고 싶어요.*

Imagine | 원하는 것이 이루어진 상태를 상상하면 어떤 모습인가요? 무엇이 보이고 들리고 느껴지시나요?

― *재능기부 가수로서 무대에 서면 더욱 기뻐하실 겁니다.*

Learn | 미래 성공 모습이 되기 위해 개발할 능력이나 학습하고자 하는 것들은 무엇인가요?

― *변함없는 노력입니다.*

Declare | 꿈과 목표를 이룰 것을 세상에 선언한다면 무엇이라고 말씀하시겠습니까?

― *나는 반드시 꿈을 이루어 명실상부한 재능기부 가수로 남고 싶습니다.*

Share | 자신의 성장과 성취를 통해 얻은 결실, 배움, 지혜 등을 누구에게 어떤 방식으로 나누거나 기여하고 싶으신가요?

― *모든 분들께 무대에서 '덕분에'를 열창하여 국민 모두가 덕분에를 통하여 행복했으면 하는 바람입니다.*

농촌 빈집 활용 전국 대상 받은
충북 증평 죽리마을 이장

김
웅
회

김웅회

"대한민국 농촌 마을의 모델로 만들어서 표준화시켜볼 작정입니다. 제가 가는 이 길은 끝이 안 보이는 '바람길'과도 같습니다. 처음 시도해보는 게 다반사라서 가다가 힘들면 잠시 걸음을 멈춰 숨 고르기를 한후 다시 제 길을 갑니다. 산이 가로막으면 쉬어가는 바람처럼."

낙후된 농촌 마을의 활성화에 기여하고 살기 좋은 마을로 바꿔 놓은 충북 증평군 죽리 삼보산골소시지체험마을 김웅회 이장이 5월 23일 기자에게 SNS로 보내온 문자메시지다.

충북 증평군 증평읍 죽리 삼보산골마을은 2018년 10월 농림축산식품부와 한국농어촌공사가 공동 주관한 전국 농촌 빈집 및 유휴시설 활용 우수사례공모전에서 대상을 수상했다.

이 마을에서 60년을 살았다는 할머니는 앞으로 60년을 더 살고 싶은 마음이 들 정도로 동네가 좋아졌다며 입에 침이 마르도록 마을 자랑을 한다.

"우리 마을에 살고 싶으면 줄을 서세요"

김웅회 이장이 지역 방송에 출연하여 당당하게 외치는 말에서 이 마을에 대한 자부심을 읽을 수 있다.

삼보산골마을이 전국에서 유명세를 탈 정도로 살기 좋은 농촌으로 탈바꿈하기까지는 김웅회 이장의 공이 절대적으로 컸다.

김웅회 이장은 죽리가 고향이다. 타지에서 30여 년 생활하다가 연어가 고향으로 돌아오듯 죽리마을을 다시 찾았다.

그리고 2012년 이장을 처음 맡은 그는 어떻게 하면 낙후된 고향을 살기 좋은 마을로 바꿀 수 있을까 고심했다.

우선 주민이 거주하는 마을의 환경 정비에 힘을 쏟았다. 30여 가구의 담장을 허물어 새로 짓고 전문작가에 의뢰하여 담장에 벽화를 그렸다.

그 다음 10년 넘게 방치된 빈집 14채를 철거 후 귀농인의 집 6동을 지어 운영하고 있다. 마을주차장을 만들고 대나무공원도 조성했다.

빈집 1개는 무너지기 직전의 폐허 상태로 보존해오다기 집주인이 헐고 현재 새 집으로 신축 공사를 하고 있다.

김웅회 이장은 귀농 귀촌을 꿈꾸는 사람들이 죽리 마을을 보러 오면 이런 폐가가 이토록 멋진 귀농인의 집으로 변했음을 보여주기 위해 그동안 샘플로 남겨놓았다고 한다.

유일하게 남겨놓은 폐가마저 새 집으로 탈바꿈하고 있으니 이제 삼보산골마을은 빈집이 단 한 채도 없는 명품 마을이 되었다.

죽리 삼보산골마을에는 담장벽화, 소시지 체험마을 등 볼거리와 먹을거리가 있다. 담장 벽화도 어른의 눈높이가 아니라 아이들이 좋아하는 그림으로 했다.

자신이 직접 만들어 맛볼 수 있는 먹거리 체험을 소시지로 택한 이유도 1년 365일 남녀노소 모두 좋아하는 음식이기 때문이다.

미래를 내다본 이장의 안목을 읽을 수 있다.

"인생의 꽃피는 순간은 언제나 지금입니다."

죽리마을 담벼락에 그려진 벽화와 글씨에서 마을의 밝은 기운이 느껴진다.

김웅회 이장은 2012년부터 지금까지 10년째 이장직을 맡으면서 주민주도형 마을 살리기에 주력해왔다. 덕분에 죽리마을은 2017년 농촌체험휴양마을로 지정되어 특별한 소시지 체험을 시작하였다.

그동안 쏟은 노력은 헛되지 않았다. 죽리마을은 해마다 전국의 수십개 마을에서 견학을 올 정도로 살기 좋은 마을로 변했다.

이제 김웅회 이장은 전국구다. 마을에서뿐만 아니라 전국의 마을 현장으로 강의를 가기도 한다. KBS1 전국이장회의에도 출연하였다.

김웅회 이장은 여기서 머물지 않고 더 큰 미래를 꿈꾸고 있다. 동남아를 비롯한 세계인들이 농촌 살리기, 살기좋은 농촌마을을 만들기 위해서는 꼭 와서 직접 봐야 하는 마을, 한국을 넘어 전 세계에서 농촌 살리기 성공 모델 마을 하면 죽리 삼보산골마을, 그런 마을을 만들기 위해 노력하고 있다.

김웅회 이장은 후임 이장이 오더라도 계속 마을이 발전하고 이어나갈 수 있는 시스템을 만들고 싶어한다.

"몸은 바쁘지만 마을이 살아나고 덕분에 여기저기서 불러주니 행복합니다. 성공사례 발표, 초청 강의 등으로 전국을 다니고 있어 재미있어요."

남한의 중심인 충북에서도 가장 중심에 위치한 군이 증평이다. 그 증평에서도 중심에 위치한 마을이 죽리 삼보산골마을이다.

마을 중앙에는 수령 650년 느티나무가 수호신처럼 마을을 지키고 있다.

"우리 마을은 앞으로 좋아질 겁니다. 관광지를 만들면 됩니다. 하면 됩니다. 학교가 있고, 마을 들어가기 좋고, 우리 마을이 최고입니다."

그가 이장을 맡기 전 죽리마을은 주민들이 살고 싶은 마음이 없다고 말할 정도로 심하게 낙후된 마을이었다. 주민들이 속속 외지로 떠나면서 빈집이 늘어나고 10년 넘게 방치되어 쓰러져 가는 폐가가 흉물로 남아있었다.

국가든 회사든 마을이든 지도자가 어떻게 하느냐에 따라 천양지차로 결과가 달라질 수 있다. 낙후된 마을에서 살기 좋은 마을로 탈바꿈한 죽리 삼보산골마을을 보면 알 수 있다.

김웅회 이장도 순탄대로를 걸어온 것이 아니다. 숱한 난관을 극복하고 여기까지 왔다.

농촌이 사라지면 미래도 없다. 김웅회 이장은 갈수록 폐허로 변해가는 고향 마을을 이대로 두고 볼 수 없었다. 어떻게 주민들의 생각을 희망으로 바꿀까? 김웅회 이장은 마을 어르신 등 주민 설득에 온힘을 쏟았다.

처음에는 반신반의하던 주민들도 이장의 끈질긴 설득과 헌신적인 노력에 마음을 열었다. 주민들이 마음의 문을 열자 김웅회 이장은 마을 활성화에 더욱 팔을 걷어붙이고 나섰다. 소시지 체험, 대나무공원, 담장 벽화 등 다양하고 차별화된 농촌 살리기와 지역관광 사업을 잇달아 진행시켜 오늘의 살기 좋은 마을로 만들었다.

김웅회 이장은 모든 공을 마을 주민에게 돌린다. 마을 주민들이 이장을 신뢰하고 힘을 실어주었기에 꿈을 현실로 만드는 기적이 가능했다고 말한다.

이 마을이 얼마나 많은 발전을 했는지 통계를 보면 인기를 실감할 수 있다. 2019년 4천여 명이 삼보산골마을을 찾아왔다. 코로나가 발생한 2020년에도 2천여 명이 마을을 방문했다.

그가 고향으로 다시 돌아와 처음 이장을 맡은 2012년에 125명 정도이던 주민이 현재는 145명으로 불어났다. 죽리초등학교도 예외가 아니다. 학생수가 줄어 폐교가 속출하는 현실에서 이 학교는 예외로 올해 26명의 신입생이 들어와 분반을 했다.

김웅회 이장은 귀농인의 집 6호까지 완공했다. 현재 7호를 구상 중에 있다.

죽리마을 종합개발사업의 일환으로 삼보산골 소시지 체험관에서 '마을해설가 양성교육'도 실시하고 있다. 농촌체험 및 관내 관광지 안내 전문 인력을 양성하는 프로그램이다.

주민에게 갑甲이 아닌 을乙이 되겠다는 게 김웅회 이장의 마을경영 철학이다.

마을도 기업이다. 그런 측면에서 마을 이장은 경영자다. 경영자가 마을을 죽일 수도 있고, 살릴 수도 있다. 낙후된 마을을 살기 좋은 마을로 변신시킨 죽리 삼보산골마을 김웅회 이장이 그런 사람이다.

낙후된 농촌마을을 살기 좋은 꿈의 마을로 바꿔 놓은 삼보산골마을 김웅회 이장의 사례가 나비효과를 불러일으켜 전국으로 퍼져 나가기를 기대해본다.

WILDS EFFECTER

Want | 미래에 이루고 싶은 꿈이나 목표가 있다면 어떤 것들이 있으신가요?

— 증평군 죽리 삼보산골 마을이 더욱 더 발전하여 전국의 농어촌 마을이 우리 마을처럼 발전하길 바라고, 나아가 세계인이 찾아올 수 있도록 발전하는 게 꿈이며 목표입니다.

Imagine | 원하는 것이 이루어진 상태를 상상하면 어떤 모습인가요? 무엇이 보이고 들리고 느껴지시나요?

— 외국의 유명 관광지처럼 언제나 관광객이 찾는 마을에서 마을관광 해설을 하며 주민들의 행복한 삶의 모습이 보이고 행복의 노래 소리가 들리시지 않습니까?

Learn | 미래 성공 모습이 되기 위해 개발할 능력이나 학습하고자 하는 것들은 무엇인가요?

— 선진마을이 되기 위해서는 주민들이 수시로 선진지 견학으로 역량을 키워야 관광객의 불편함도 덜어줄 수 있다고 본다.

Declare | 꿈과 목표를 이룰 것을 세상에 선언한다면 무엇이라고 말씀하시겠습니까?

— 나 김웅회는 죽는 날까지 꿈과 목표를 위해 전진할 것을 선언한다.

Share | 자신의 성장과 성취를 통해 얻은 결실, 배움, 지혜 등을 누구에게 어떤 방식으로 나누거나 기여하고 싶으신가요?

— 나는 증평군 죽리 삼보산골 마을이 발전하는 것을 전국의 낙후된 농어촌 마을과 공유하여 농어촌 지역이 모두가 함께 잘살 수 있기를 바란다.

자나 깨나 태극기 사랑에
이름도 바꾼 연태극기

연태극기

충청북도 충주시 봉방동에 사는 나라 사랑 태극기 보급 운동가 연태극기 씨는 태극기 문양의 독특한 옷차림에 태극기를 앞세운 자전거를 타고 충주 시내 곳곳을 누비는 '태극기 아저씨'로 유명하다.

연태극기 씨가 그동안 보급한 태극기는 어림잡아 5만 장이 넘는다. 태극기 사랑에 빠져 태극기를 끼고 살며 자신의 이름도 바꿨다. 그의 본명은 연종택이었다. 지난 2014년 9월 말에 개명했다.

그의 일과는 태극기 홍보와 나라 사랑 운동으로 충청북도, 충주시와 각종 국가단체의 홍보대사를 단골로 맡고 있다.

2018년 KBS 3·1절과 광복절 특집에도 '김구 선생' 복장으로 출연하여 눈길을 끌었다. 충북 역사에 남는 인물로 선정되는 영광도 안았다.

그가 살고 있는 집 밖에는 태극기가 걸려 있다. 자나 깨나 태극기 사랑이 넘쳐흐른다. 그의 태극기 사랑은 시민들의 마음까지 움직였다. 이웃사촌 105세 할머니는 2012년 애국가 4절까지 '완창'하는 노익장을 과시해서 국가보훈처 주관 나라 사랑 애국가 부르기 우수상을 수상했다. 연태극기 씨의 영향이다.

앞집 청년은 중학생 때부터 태극기 아저씨의 열렬한 팬이 되었다. 학교를 쉬는 토요일에는 둘이 같이 다니면서 마을 청소를 하고 태극기 사랑 캠페인도 펼쳤다. 시민들로부터 '분신' 같은 자전거를 기증받기도 했다.

연태극기 씨에게는 자전거가 교통수단으로 하루 최소 24km를 탄다. 새벽 5시 50분에 기상하면 동네 청소를 한다. 집에 들어와서 아침 먹고 9시 30분부터 2시간 동안 충주시내 청소를 한다.

점심 먹고 14시부터는 8개 단체에 태극기 홍보를 한다. 대한민국 나라 사랑 태극기를 들고 충주 시내를 3바퀴 돌면 일과가 끝난다.

그의 태극기 홍보는 행사장에서도 빛이 난다.

세계 각국의 사람들이 몰리는 축제에도 어김없이 찾아갔다. 매년 열리는 충주세계무술축제 현장을 찾아 관람객은 물론 외국인 참가자들에게도 태극기를 나눠주며 대한민국을 홍보했다.

행사가 끝난 뒤 거리에 아무렇게나 버려져 있는 태극기를 보면 가슴이 찢어진다. 대한민국 삼천리 방방곡곡 모든 집에 빠짐없이 태극기가 걸리는 그날이 오기를 간절히 열망한다.

지금 여기 봉방동으로 삶의 둥지를 튼 지 벌써 50년째로 1972년부터 한집에서 살고 있다.

서울 종로 옛 화신백화점에서 근무하던 중에 꿈에도 잊지 못할 제천시 한수면 역리 고향마을이 1972년 충주댐으로 수몰되면서 지금 살고 있는 동네로 왔다.

274

고향 생각에 한이 맺혀 집 거실 수족관에 수몰마을(미니어처)을 조성하고 부모님 사진도 액사로 만들어 넣어두었다. 하루에 두 번씩 돌아가신 부모님께 식사를 차려드리고 문안 인사를 드리는 심정으로 수족관 물고기 먹이를 준다.

그는 한국전력에서 1980년~2002년까지 22년을 근무했다.

재직 시절 마음에 맞는 사우들끼리 의기투합하여 맺은 의형제가 각도에 한 명씩 있다. 강산이 바뀌는 세월이 흐르고 다니던 회사를 떠났어도 그때 맺은 의형제는 지금까지 끈끈하게 지내고 있다. 그의 인생사가 흥미롭다.

한국전력을 퇴직하고 2005년 5월 8일 어버이날 롯데마트에 대한민국 실버 사원 1기로 입사했다. 고객 안내와 고객 응대 업무를 맡아 8년 8개월을 근무하고 2014년 1월 30일에 정년퇴직했다.

이후 자전거를 타고 태극기 홍보를 18년째 해오면서 태극기를 보급하였다. 그가 시민들에게 나눠주는 태극기는 모두 대한민국 나라 사랑 선양회로부터 후원받고 있다. 1회용이 아니고 반영구적으로 눈비를 맞아도 훼손되지 않는다. 깃대와 무궁화깃봉까지 세트로 된 태극기다.

그는 8남매 중 7번째로 가족사가 짠하다.

맏형(봉택)과 둘째 형(구택)이 6·25 때 납북됐다. 큰형이 먼저 행방불명됐고 둘째 형은 충주농고 2학년 때 교문에서 납치당했다.

"갑자기 소식이 끊긴 둘째 형이 편지를 보내왔어요. '아버님, 저 거제

포로수용소에 있어요. 잘 있습니다. 이게 마지막입니다.'라는 편지가요."

쌍둥이 작은아버지는 일정시대 때 일본인을 흠씬 두들겨 패고 만주로 피신하여 터를 잡았다. 그 자손들 즉 연태극기 씨의 4촌 형제들이 하얼빈에 살고 있다.

연태극기 씨의 집안 내력이 참으로 기구하면서도 일제 치하와 6·25 동족상잔의 비극이 오버랩된다. 화제를 바꿔 연태극기로 이름을 바꾼 이유를 물었다.

"시민들이 개명했으면 좋겠다는 말을 자꾸 해요. 듣고 보니 그게 좋겠더라고요. 그래서 2014년 10월부터 이름을 바꿔 불렀어요. 연태극기로. 명함도 새 이름으로 바꾸고……."

그는 한때 남한과 북한을 대표하는 명견 진돗개와 풍산개를 키웠다. 2000년 6월 고 김대중 대통령이 역사적 방북 일정을 마치고 귀국하던 날 공교롭게도 연태극기 씨가 키우던 진돗개와 풍산개 사이에 새끼 5마리가 태어났다.

온 국민이 간절히 염원하는 민족 통일은 이루지 못했지만 개를 통해 남북을 통일시켰다. 개 이름도 순우리말로 지었다.

우리, 소원, 남북, 통일, 봉구.

봉구는 6·25 때 납북된 두 형의 이름(봉택, 구택) 첫 자를 땄다.

중국 하얼빈으로 피신하여 뿌리를 내린 쌍둥이 작은아버지의 후손인 4촌 형제들과는 서로 자주 연락하고 왕래하며 살고 있다.

납북된 두 형님이 세상을 떴다는 소식도 중국에 건너간 작은아버지 사손들로부터 들었다. 지금은 두 작은아버지마저 모두 고인이 되어 이 세상에 없다.

그는 목숨이 다하는 그날까지 나라 사랑 태극기 홍보를 계속 이어가겠노라고 다짐한다.

태극기 사랑이 펄펄 끓어오르는 태극기 아저씨의 진심이 가득 담긴 마음만으로도 고맙고 정감이 넘친다.

그의 집은 학생들이 단체로 나라 사랑 견학을 온다. 나라 사랑 태극기 보급 운동에 노익장을 불태우는 그의 집에는 볼거리가 넘쳐난다.

첫 방문자가 연태극기 씨의 집 대문 입구 계단에 첫발을 들여놓으면 자동으로 애국가가 흘러나온다.

그뿐 아니다. 그의 집 담벼락에는 초대형 '나라사랑벽화'가 그려져 있다. 2019년 5월 한 화가가 연태극기 씨의 애국심에 감동하여 며칠을 공들여 그린 벽화다. 그냥 벽화가 아니다. 우리 땅 독도까지 담아낸 대한민국 지도가 펼쳐져 있고, 중앙에 무궁화가 있는 벽화다. 그리고 연태극기 씨와 그의 분신인 자전거가 있다.

코로나가 발생한 2020년 1월 이후 국가 행사가 대폭 축소되거나 취소되고 있다. 이런 현실에서 연태극기 씨의 나라 사랑은 더욱 빛이 났다.

연태극기씨는 2020년 8·15광복절, 3·1절, 6·25행사를 자신이 거주하는 자택에서 혼자 개최했다. 전무후무한 일이다. 한반도 5000년 역사 이래 국가 경축일 행사를 개인이 혼자 개최한 전례는 연태극기 씨가 유일하다.

　연태극기 씨가 개인적으로 치른 경축일 행사에는 충주시장과 지역구 국회의원이 참석하여 규모는 작지만 의미는 큰 국가행사나 다름없었다.

　연태극기 씨의 차고 넘치는 나라 사랑 태극기 사랑은 지금도 현재진행형이다.

WILDS EFFECTER

Want | 미래에 이루고 싶은 꿈이나 목표가 있다면 어떤 것들이 있으신가요?

— 전 국민 가가호호에 태극기가 휘날리는 게 꿈이다.

Imagine | 원하는 것이 이루어진 상태를 상상하면 어떤 모습인가요? 무엇이 보이고 들리고 느껴지시나요?

— 남북통일의 기운이 무르익고, 전 국민이 애국심에 불타는 느낌이 든다.

Learn | 미래 성공 모습이 되기 위해 개발할 능력이나 학습하고자 하는 것들은 무엇인가요?

— 나에게는 태극기 보급이 공부이자 학습이다. 충북 충주에서 크고 작은 국내외 행사가 열릴 때마다 찾아가서 태극기를 나눠준다. 유치원, 초중고 학생들이 태극기 사랑 넘치는 우리 집으로 견학을 오다가 코로나 때문에 중단됐다. 코로나가 빨리 종식되고 학생들의 방문이 다시 이어졌으면 좋겠다.

Declare | 꿈과 목표를 이룰 것을 세상에 선언한다면 무엇이라고 말씀하시겠습니까?

— 나 연태극기는 대한민국 나라 사랑 태극기 보급에 목숨 건 사람이다.

Share | 자신의 성장과 성취를 통해 얻은 결실, 배움, 지혜 등을 누구에게 어떤 방식으로 나누거나 기여하고 싶으신가요?

— 앞으로도 건강이 허락하는 날까지 태극기 보급 운동을 계속할 것이다.

생명을 살리는
(사)사랑의쌀나눔운동본부 이사장

이
선
구

이선구

나눔 실천으로 대통령을 뽑으라면 생명을 살리는 (사)사랑의쌀나눔운동본부 이사장 이선구 목사가 0순위가 아닐까 싶다.

이선구 이사장은 서로 조금씩 나눔으로 배고픔과 고통 없이 모두가 행복하고 향기로운 세상을 만들어나가기 위해 온몸을 불사르는 나눔 천사로 유명하다.

끼니를 굶는 어르신 등 전국의 저소득 소외 계층을 대상으로 빨간 밥차를 몰고 다니며 따뜻한 식사 봉사를 1년도 아니고 10년 넘게 해오고 있다. 코로나 창궐로 지구촌 경제가 꽁꽁 얼어붙은 현실에도 빨간 밥차는 연중무휴 멈추지 않고 달려왔다.

생명을 살리는 사랑의 쌀 나눔과 빨간 밥차 무료 급식사업은 이선구 목사가 그 무엇과도 양보할 수 없는 봉사 실천 신앙이다.

코로나 여파로 빨간밥차돕기 자선 바자회를 열어도 운영 기금 마련이 쉽지 않지만 이선구 목사는 그 어떠한 악조건 속에서도 빨간 밥차를 멈출 생각이 없다.

나눔의 성城은 나눌수록 커지고 견고하다. 그러나 재물이나 권세는 모래성과 같아서 한순간에 허물어지고 '훅' 갈 수 있다. 이선구 목사가 뼈저린 체험을 통해 얻은 교훈이다.

이선구 목사는 2007년 1월 비영리법인 사랑의쌀나눔운동본부를 설립하고 전국의 소외계층에 먹거리 지원사업을 해오고 있다.

서울역 광장과 인천 주안역, 부평역을 비롯하여 400곳이 넘는 수도권 지역에서 끼니를 굶는 이들에게 매주 1~2회 따뜻한 밥을 제공하는 무료급식 차량 사랑의 빨간밥차를 운영했으며 그 범위를 전국으로 계속 확대해 나가고 있다. 무료급식 봉사에 참여한 자원봉사자도 1천여 명에 이를 정도로 호응도가 높다.

사랑의쌀나눔운동본부와 함께하는 사랑의 쌀 나눔 행사.

이를 통해 모아지는 쌀은 정신지체 장애아동과 치매노인들을 위한 미인가, 미자립 복지시설 등에 제공된다.

모델하우스 개관, 결혼식 및 사무실 이전이나 개업식 등 행사에서 한순간 사용했다가 쓸모없이 버려지는 축하 화환 대신 쌀로 받아 해당 지역의 중증장애아동, 독거노인시설, 결식아동 등에 전달하여 더불어 사는 아름다운 사회를 만드는 사랑의쌀나눔운동을 펼치고 있다.

이선구 목사는 시간을 '금쪽'같이 소중하게 활용한다. 단 몇 분도 허투루 보내는 법이 없다. 그의 독서 습관을 보면 그가 얼마나 시간 활용을 잘하는지 알 수 있다.

이선구 목사는 1년에 200권 이상의 책을 읽는 '독서왕'이다. 자투리 시간과 속독을 통해 일주일에 4~5권의 책을 읽어 1년에 200권 이상을 소화한다. 책상은 물론이고, 침대 머리맡에도, 화장실과 식탁 옆에도 항상 읽을 책을 준비해 놓는다.

아침 출근할 때, 버스, 지하철, 기차, 택시를 기다리거나 이동하는 시간, 만나는 사람을 기다리는 시간, 차를 직접 운전할 경우 신호등 기다리는 시간도 독서가 가능하다.

아름답고 고귀한 나눔의 성을 쌓아 올리는 이선구 목사의 깊은 속마음이 고스란히 담긴 그의 체험수기 행복 비타민을 들여다보았다.

사랑의 삼계탕을 끓여 독거노인들을 대접하고 돌아오던 날 어르신들의 촉촉이 젖은 눈빛이 뇌리에서 떠나지 않았다.

손을 잡아주고, 보듬어준 자원봉사자들의 손길이 쓸쓸한 마음 켜켜이 비집고 들어갔을 텐데 날마다 해드리지 못할 것을 해드린 것은 아닌지 미안한 마음이 못내 어깨를 눌렀다. 문득 문득 다가오는 온기가 삶을 꿈틀거리게 하는 작은 힘이 되기를 바라는 마음을 알까?

이선구 목사의 삶도 질곡의 여정이었다. 한때 뭇 사람들이 부러워할 정도로 빌딩 몇 채를 소유한 건물주였다. 주말마다 골프를 치러 다니고 펑펑 쓰고 즐기며 살았다.

그러나 평생 떵떵거리며 살 것 같던 부와 영광이 하루아침에 송두리째 무너지는 아픔을 겪었다. 견디다 못해 자살 기도와 통제 불능의 자포자기 삶이 이어졌다.

유복하게 태어났지만, 하루아침에 나락으로 떨어져 운명을 송두리째 던져버리고 싶을 정도로 처참한 생활을 견뎌야 했다.

삶이 꿈틀거리기 시작한 것은 죽을힘을 다해 자신과의 치열한 사투를 하고 난 후였다. 결국 삶의 구원자는 자신이라는 것을 깨달았을 때 회생한 삶은 화려한 빛으로 다시 세상을 안겨주었다.

그러나 인생을 승리하였다는 자부심에 빠져있을 때 IMF와 연대보증 채무로 인해 또다시 삶의 밑바닥으로 내동댕이쳐졌다. 뼈를 깎는 노력으로 평생 쌓아 올린 부와 명성이 한순간에 와르르 무너지고 다시금 엄청난 빚더미에 올라앉았다.

가진 것 다 나눠주고 빈손으로 다시 자신과 마주 섰을 때 비로소 손에 움켜쥐고자 하는 것은 언제라도 잃어버리고 만다는 교훈을 깨달았다.

어둠이 깊을수록 밝은 빛이 오듯 영원히 빠져나올 수 없을 것만 같은 질곡의 삶에서 완전히 새로운 삶으로 다시 태어났다. 세속에서 얻은 모든 것을 철저하게 다 버리고 얻은 삶이었다. 그래서 쌓아도 영원히 무너지지 않는 성을 쌓아야겠다는 생각을 했다. 그것이 바로 나눔의 성城이었다.

이 세상에서 가장 커다랗고 튼튼한 나눔의 성으로 제일 먼저 신장병으로 고통받는 사람들을 구하는 (사)한국신장협회를 세웠다.

신장협회를 통해 하루하루 힘겹게 죽음의 공포와 싸우는 사람들을 살려냈다. 새로운 생명으로 다시 시작되는 삶을 찾은 사람들의 기쁨은 말로 표현할 수 없는 통곡이었다.

건강을 되찾은 사람들을 보니 먹을 것이 없어 굶주리는 사람들이 또 눈에 보였다. 사랑의쌀나눔운동은 그렇게 숙명처럼 다가왔다. 대문을 활짝 열어 놓고 먹을거리를 서로 나눠먹던 우리의 옛 모습을 되찾자는 마음으로 사랑의쌀나눔운동을 시작했다.

어느 개인 한 사람으로는 결코 이루어질 수 없는 나눔운동! 사랑이 메말라 인색한 세상이지만 그래도 서로 먼저 손길을 내미는 마음 따뜻한 사람들이 있어 사랑의쌀나눔운동을 하면서 잃어버린 행복을 되찾았다.

개인으로는 결코 이루어질 수 없는 나눔의 향연! 많은 사람들이 바쁜 생업에도 쫓기는 소중한 시간을 쪼개어 기꺼이 '나눔운동'에 동참하고 있다.

내 삶이 행복하기 위해서는 내 주변의 삶도 행복해야 한다고 한다. 그러나 그 행복을 어떻게 전할지 망설이는 사람들이 많다. 행복을 전하는 일은 아주 간단하다. 빗장을 닫고 있던 사람들과의 소통이 행복을 전하는 지름길이다.

사랑의 빨간 밥차와 사랑의쌀나눔운동에 동참하는 사람들은 여유가 있어서가 아니다. 행복을 전하고자 하는 사람들이 기꺼이 가진 것을 쪼개고, 시간을 쪼개고, 가진 건강을 쪼개어 나누기 위해 온다.

그들은 결코 많은 것을 가진 사람들이 아니다. 그러나 그들은 세상과의 소통을 하는 것이 행복을 나누는 지름길이라는 것을 먼저 아는 사람들이다.

"그 많던 부와 재물을 한순간에 잃은 것도 지나고 보니 지금의 내가 있게 한 비싼 수업료라고 생각합니다."

그는 오히려 지금이 홀가분하고 마음은 더 부자가 되었다며 얼굴가득 환한 미소를 지어보였다.

이선구 목사는 세속의 물욕物慾과 탐욕貪慾을 버리고 아무리 나누고 퍼 줘도 영원히 줄어들지 않은 '나눔의 성城'을 쌓아 올리며 하루 24시간을 알곡처럼 충실한 삶을 살아가고 있다.

WILDS EFFECTER

Want | 미래에 이루고 싶은 꿈이나 목표가 있다면 어떤 것들이 있으신가요?

— 현재 (사)사랑의쌀나눔운동본부와 (사)지구촌사랑의쌀나눔재단의 이사장으로 봉사하고 있는데 위 단체가 세계적인 NGO 단체로 노벨평화상을 수상하는 것이 목표입니다.

Imagine | 원하는 것이 이루어진 상태를 상상하면 어떤 모습인가요? 무엇이 보이고 들리고 느껴지시나요?

— 노벨평화상 수상식장에 서서 전 세계에 굶주리는 사람들과 자신이 먹는 식사의 10분의 1을 나누자고 수상소감을 말하는 모습을 바라봅니다.

Learn | 미래 성공 모습이 되기 위해 개발할 능력이나 학습하고자 하는 것들은 무엇인가요?

— 국제적인 앵벌이가 되어 가난하고 굶주린 영혼들을 위해 나의 삶을 드리겠습니다.

Declare | 꿈과 목표를 이룰 것을 세상에 선언한다면 무엇이라고 말씀하시겠습니까?

— 재물은 한순간에 무너져 내릴 수 있다. 하지만 나눔의 성은 쌓을수록 견고하고 오래 남는다. 나 이선구는 세상에서 가장 견고하고 튼튼한 나눔의 성을 쌓아 올린 나눔부자이며 나눔성의 성주로 우리 자랑스러운 대한민국에 노벨평화상을 안겨드리겠습니다.

Share | 자신의 성장과 성취를 통해 얻은 결실, 배움, 지혜 등을 누구에게 어떤 방식으로 나누거나 기여하고 싶으신가요?

— 한때 건물을 몇 채 거느린 강남 부자로 살았지만, 한순간에 모두 날아가 버렸다. 그러나 재물은 없어도 나눔의 성을 쌓고 현재 지구촌 42개국에 지부를 세워 생명을 살리는 사랑의 쌀 나눔과 전국에서 사랑의 빨간밥차 무료 급식사업에 헌신하는 지금이 훨씬 더 행복하고 기쁘다. 지금까지 해왔듯이 앞으로도 죽는 날까지 나눔의 성을 계속 쌓아 나갈 것이다.

와일드(WILD)라고 쓰고 성공이라고 읽는
한국평생교육원 대표

유

광

선

유광선

'와일드'WILD라고 쓰고 '성공'이라고 읽는 사람이 있다.

'와일드 이펙트'의 저자이자 한국평생교육원 대표인 유광선 박사다. 유광선 대표가 말하는 와일드WILD는 Want(원하라), Imagine(상상하라), Learn(배워라), Declare(선언하라)의 첫 머리 글자다.

유광선 대표는 여기에 하나를 더 추가한다. Share(나눔)이다.

성공한 기업들이 더 높이 날고 더 사랑받기 위혜서는 감사한 마음으로 나누고 베풀어야 한다. 그것이 바로 '행복한 성공'의 완결편이다.

행복한 성공으로 가는 연결고리는 300의 실천이다.

100권의 책을 읽고, 100곳의 발품을 팔고 100명의 전문가를 찾는 노력과 행동이 바로 100의 트리오 300이다.

0에서 시작한 카운트가 300에 이르는 동안 속도가 더딜지라도 꿈이 현실로 바뀌는 순간에 다가서는 감동을 맛볼 수 있다. 유광선 대표가 그렇게 살아왔고 그렇게 살고 있다.

유광선 대표는 좋은 책을 만들겠다는 열정으로 출판사를 직접 설립하여 운영하고 있다. 국내 최고라고 자부하는 베테랑 출판 편집자와 손잡고 꾸준히 책을 만들어낸다. 코로나로 전 세계가 총체적 불황에 시달리고 있는 현실에도 그는 흔들림 없이 자신의 길을 가고 있다.

유 대표는 나눔도 감사한 마음과 태도로 해야 한다고 강조한다.

꿈을 꾸고 꿈을 이루고 그토록 원하던 성공이 손에 들어왔다고 거기서 멈추면 의미가 없다. 정상에 올랐다고 자만하는 순간 그동안 이뤄놓은 모든 결과가 한순간에 모래성처럼 무너질 수도 있다.

그래서 나눔 실천이 중요하다.

사람과 사업이 지속하기 위해서는 WILD로 꿈을 이루고 Share를 해야 한다고 말한다. 우리나라에서도 이제 모델들이 나타나기 시작했다.

유광선 대표 또한 나눔의 실천 방법 중 하나로 책을 출판한다. 아티스트들의 작품을 취지에 맞게 책의 표지 디자인에 넣어서 홍보한다.

유광선 대표가 펴낸 책을 읽은 독자들의 리뷰에서 그 반응이 나온다. 독자들은 책을 다 읽고 나서 책장을 덮고 페이지 뒤를 본다. 그때 뒤표지가 눈에 들어온다. 무심코 재발견한 뒷면 표지를 사진으로 찍어서 보내온다. 책에 실은 아티스트의 작품이 그렇게 시각화되고 홍보가 된다.

유광선 대표가 국내 최초로 시도한 광고 마케팅 기법이다. 유광선 대표가 잘할 수 있는 출판, 강의와 화가의 작품은 별개가 아니라 서로 연계돼 있어 지속 가능한 융합이고 상생이다.

지금같이 불안하고 미래가 불확실할 때 나의 강점과 타인의 강점을 인정하고 이해하면 서로 연계해서 시너지 효과를 낼 수 있다. 이것을 WILDS 모델이라 한다. 이 WILDS를 적용한 기업만이 지속될 수 있다.

'거절당한 순간 영업은 시작된다' 책 뒤표지에 '원한다면 움직여야 한다. 그래야 기회를 잡을 수 있다' 문구 아래 '용기'라는 팝아트를 실은 것도 다 생각이 있다.

책이 독자의 손에 들어가 읽히면 읽힐수록 세계적으로 우수성이 입증된 한글을 활용한 팝아트를 홍보할 수 있어 1석 2조의 마케팅 효과를 볼 수 있다는 기대감으로 한글 '용기'를 캘리그라퍼 박민순 명인과 팝아티스트 호진 그리고 WILDS가 협업하여 책표지 디자인으로 실었다.

독자들은 '용기' 팝아트를 보는 순간 '용기'가 나고 힘이 솟는다.

유광선 대표는 가치관도 특별하다. 100세 시대를 넘어 200세까지 산다는 생각으로 일을 한다. 50년을 살았고, 앞으로도 살아갈 날이 150년이나 남았다고 생각한다. 살아갈 날이 창창하니 당연히 열정이 샘솟을 뿐만 아니라 일을 하고 싶어진다. 보통 사람들은 일할 수 있는 나이, 돈 벌 수 있는 나이가 정해져 있다. 그러나 유광선 대표는 정년이 없다.

기자는 유광선 대표를 10년 이상 지켜보았다. 그동안 국내외를 드나들며 각계의 롤모델 인물을 발굴하여 1,000명을 넘게 인터뷰한 기자의 눈에도 유광선 대표는 아주 특별했다.

유 대표는 어느 한순간도 멈춤이 없다. 끊임없이 변화를 추구하고 경쟁력을 업그레이드해오고 있다.

유 대표는 최근에 발간한 책(생각하라 그러면 부자가 되리라)의 독자 반응이 좋다면서 환하게 웃었다.

"좋은 저자와 내용이 좋은 원고를 만나면 가슴이 뜁니다."

저자의 마음에 들면서도 독자들이 공감할 수 있는 책을 만들고 싶어하는 유 대표의 출판 마인드가 양서를 추구하는 독자의 마음을 잡지 않았나 싶다.

원하는 게 있어야 기회의 신이 찾아온다. 상상의 자유를 마음껏 누리자. 배움을 통해 나를 반성한다. 인생 스펙을 이기는 서류는 없다. 내 꿈을 밝히면 동지가 생긴다.

유광선 대표는 학구열도 뜨겁다. 대전과 서울을 오가면서 사업가로, 강사로 바쁜 와중에도 2018년 2월 한남대에서 경영학 박사학위를 취득했다. 논문 제목이 '소상공인 재교육 참여에 열망과 공동체 의식이 미치는 영향'이다.

긍정의 기운을 심어주고 행운을 부르는 노래도 4곡(와일드 이펙트 1,2,3,4)이나 직접 작사 작곡했다. 노래를 듣기만 해도 즐겁고 흥이 난다.

지나온 길 되돌아 생각하니 감사 그리고 기쁨 흘러 넘쳐~ 삶의 에너지 삼아 꿈 키우고 바라고 원하는 것 꼭 이루리.

가사의 일부 내용이다. 용기와 희망이 샘솟고 꿈을 이룰 수 있도록 자신감을 심어주는 와일드 이펙트 내용이 노랫말 가사에 고스란히 담겨있다.

"간절히 원하고, 생생하게 상상하라! 뜨겁게 공부하고, 당당하게 선언하라!"

100의 트리오(300) 실천으로 행복한 성공스토리를 만들어나가는 유
광선 대표가 세상에 외치는 말이다.

유 대표는 현실이 힘들고 어렵다고 조급해하지 않는다. 긴 안목으로
멀리 내다보고 일을 한다. 현실이 불투명하고 미래가 불확실할수록 사
람이 재산이라고 본다. 좋은 사람을 만나면 재산은 그만큼 배가 된다.

시대의 트렌드를 잘 간파하고 사람들의 강점을 파악해서 서로 공유
하고 상생의 인맥 네트워크를 구축하면 더욱 큰 시너지 효과를 낼 수
있다.

한국평생교육원 대표, 국제코치연합원장, (사)한국중장년고용협회
교육원장, 한국인재개발원 원장 등.

그가 맡고 있는 직업의 일부다.

저술활동도 꾸준히 해오고 있다. 대표 저서 와일드 이펙트는 험하고
거친 세상을 긍정적으로 와일드WILD하게 살아오면서 터득한 행복한 인
생의 비밀을 진솔하게 풀어낸 책으로 독자의 사랑을 꾸준히 받고 있다.

100권의 책을 읽으면 100명의 지혜를 빌리는 것이고, 100곳을 방문
하면 실패와 성공의 현장을 직접 두 눈으로 확인할 수 있다. 100명의
전문가를 만나면 성공 노하우를 가진 100명과 함께 자신의 꿈을 현실
로 만들어가는 이치와 같다.

유광선 대표는 요즘 일이 또 하나 생겼다. 거친 세상에서 나누고 베

풀며 '행복한 성공인'으로 살아가는 사람들을 발굴하고 인적 네트워크를 발견하여 세상에 알리는 일이다. 그런 사람들과 서로의 장점을 공유하고 상생하기를 원한다.

오늘에 충실하고 내일을 준비하는 그런 사람들을 끊임없이 발굴하고 기록해나가는 작업을 하고 있다. 유광선 대표는 1년 365일 하루하루를 오늘도 그렇게 살아가고 있다.

WILDS EFFECTER

Want | 미래에 이루고 싶은 꿈이나 목표가 있다면 어떤 것들이 있으신가요?

— 한국평생교육원, 국제코치연합 100개국 지부 설립, 해외 출판사 설립, 미국, 프랑스 갤러리 설립.

Imagine | 원하는 것이 이루어진 상태를 상상하면 어떤 모습인가요? 무엇이 보이고 들리고 느껴지시나요?

— 세계를 여행하며 책 쓰고 강의도 하고 사진을 찍고 있습니다.

Learn | 미래 성공 모습이 되기 위해 개발할 능력이나 학습하고자 하는 것들은 무엇인가요?

— 회화에 더 관심갖고 학습하겠습니다.

Declare | 꿈과 목표를 이룰 것을 세상에 선언한다면 무엇이라고 말씀하시겠습니까?

— 사업을 통해서 세상을 긍정적이고 아름답게 변화시키는 데 기여하겠습니다.

Share | 자신의 성장과 성취를 통해 얻은 결실, 배움, 지혜 등을 누구에게 어떤 방식으로 나누거나 기여하고 싶으신가요?

— 먼저 감사일기, 코칭, 독서모임을 함께 하고 있는 분들과 나누겠습니다. 그리고 함께 성장하고 싶은 분들과 나누겠습니다.

30년째 올림픽 개최해온
국제휴머니티총연맹 총재

정

진

욱

해마다 국내, 국제 휴먼올림픽을 개최하는 이 사람. 국제휴머니티총
연맹 정진욱 총재다.

2021년 5월 19일 '부처님 오신 날' 오전 서울 강남 선릉로에 있는 국
제휴머니티총연맹 사무실에서 정진욱 총재를 만났다.

정진욱 총재는 국내보다 해외에서 더 많이 알려져 있다.

일본, 대만, 베트남, 홍콩, 중국, 말레이시아, 몽골 등 해외 국가를 순
회하면서 예선 국제행사를 개최해왔다.

올림픽 등 국내외 행사 때는 흰옷을 즐겨 입는다. 외국에서 일명 '화
이트맨'으로 불린다.

순수한 백의민족을 상징하는 옷이라서 즐겨 입는다. 수많은 사람이
모이는 행사장에서 의상으로 보여주는 '나라 사랑 퍼포먼스'다.

한번은 정진욱 총재가 일본에서 검은 옷을 입고 행사장 무대에 올라
섰다. '화이트맨'이 검은 옷을 입고 나타나자 무슨 일인가 싶어 일본인
들의 질문 세례가 쏟아졌다. 정진욱 총재가 말했다.

"당신네 나라 일본이 쓰나미 참사로 쑥대밭이 되지 않았는가! 그래서 추모하는 의미로 흰옷 대신 검은 옷을 입었다."

서로 공존하고 상생하며 아름답고 건강하고 행복한 인류를 기치로 내건 휴먼올림픽의 창시자로 그가 해외에서까지 유명세를 치르고 있는 이유를 알 것 같다.

전 세계가 하나 되는 휴먼올림픽을 개최하는 국제휴머니티총연맹은 인류의 진실한 인간성을 찾아서 아름다움과 건강함을 유지하고 문화와 예술을 사랑하며 나눔과 봉사를 생활화하여 행복한 삶을 영유할 수 있게 하는 전문가 단체다.

정진욱 총재는 어렸을 때 부모님이 들려주신 말씀을 평생 가슴에 품고 살아간다. 현재가 가장 중요한 시간이다. 지금, 이 순간이 마지막이 될 수도 있다는 마음가짐으로 최선을 다해서 살아가라는 당부다.

사람은 모두 평등하다. 누구나 행복한 삶을 살 권리가 있다. 정진욱 총재가 강조하는 사람이다. 그래서 휴머니티를 생각했다. 1990년부터 준비해서 1992년에 국제휴머니티총연맹이 출범했다.

이어서 국제미용건강총연합회IBH, 국제문화예술총연합회ICA, 국제자원봉사총연합회IUB 등 산하 10개 단체를 추가 출범시켰다. 그가 모두 창립자이면서 총재로 단체를 이끌어가고 있다.

'국제'기구를 10개나 거느린 총재는 우리나라를 통틀어도 정진욱 총재가 유일하지 않을까 싶다. 소위 '역량'이 따라주지 않으면 감당하기 어려운 일이다. 하지만 그는 그 많은 기구를 30년째 '잡음' 없이 잘 이

끌어나가고 있다.

요즘 현대인들은 자기중심적이고 에고이즘 성향이 강하다. 인성이 우선이다. 특히 젊은 세대들에게 기성세대가 모범을 보여야 한다. 그것이 휴먼이다.

이스라엘 탈무드가 전 세계를 열광시켰듯이 한국이 휴먼으로 세계를 리드하는 나라로 바꿔가야 한다고 생각한다. 한국이 휴먼 중심국가가 돼야 한다.

국내를 넘어 아시아에서 인정하는 미용 건강, 뷰티 커뮤니티와 콘텐츠 산업의 최고 거목 정진욱 총재가 그 노력을 하고 있다.

정진욱 총재는 아시아권 12개 나라의 국제휴머니티총연맹 협회장들을 중심으로 제주도로 초청하여 인류의 아름답고 건강하고 행복한 삶을 위해 법과 질서를 잘 지키고 헌신적으로 나눔 봉사를 실천하는 휴먼 전문가를 교육시키고 싶어 한다.

정부에서 코로나로 잃어버린 일자리를 창출하고 중소기업을 살리는 일이 그 어느 때보다도 절실하다. 바로 휴먼산업이 그 해결책이다.

정진욱 총재는 이 일에 정부가 적극적으로 동참해서 함께하고 싶다는 속내를 밝힌다.

전 세계의 많은 전문가가 휴머니티총연맹에 참여하고 있다. 홍콩만 해도 6,000여 명이 참여하고 있다.

그동안 행사에 어려움이 많았다. 정진욱 총재는 그런 악조건 속에서도 33회까지 휴먼올림픽을 개최해오는 동안 비용 문제를 자급자족해

왔다.

미용 건강, 뷰티라는 용어 대신 미장원, 이발소가 흥행하던 1993년부터 휴먼올림픽을 개최해왔으니 이 분야에서 시대를 앞서간 인물임이 틀림없다. 올해로 꼬박 30년째다.

국가가 4년 동안 총력전을 펼쳐 준비하고 개최해도 성공 여부를 장담하기 어려운 게 올림픽이다. 비록 종목과 장르는 다를지라도 올림픽은 올림픽이다.

정진욱 총재는 다 함께 나눔과 봉사를 통해 아름답고 건강한 세계를 만들어가는 축제의 한마당으로 휴먼올림픽을 개최해왔다.

그리고 서로 믿음과 협력이 바탕이 되어 인류의 평화와 행복을 추구해왔다. 일본, 대만, 베트남, 홍콩, 중국, 말레이시아, 몽골 등 많은 국가들이 대거 참가하여 아시아 최고, 최대의 행사로 자리매김했다.

매년 11월 1회 단 한 차례만 열리던 행사도 회원국들의 요청으로 2016년부터 연 2회(4월, 11월)로 횟수를 늘려 개최하고 있다.

"경제성장과 더불어 갈수록 다변화 사회로 치닫는 글로벌 시대를 살아가면서 아름다움과 건강을 추구하는 휴먼산업은 현대산업에 있어서 가장 중요한 부분이라고 생각합니다."

세계화의 열풍에 따라 뷰티헬스 인력이 해외로 진출하고 대기업과 프랜차이즈 업계의 꾸준한 성장에 힘입어 휴먼뷰티헬스산업이 미래 서비스산업으로 발전하고 있다. 이런 추세가 예술적 감각과 창의성을 바탕으로 하는 지식기반산업임을 증명하고 있다.

"이런 시점에서 서울국제휴먼올림픽대회를 개최한다는 의미는 새롭고 매우 크다고 생각합니다. 휴먼올림픽을 통하여 훌륭한 젊은 인재들의 등용문으로 휴먼 전문가를 탄생시킬 수 있는 좋은 계기가 될 것이라고 확신합니다."

정진욱 총재가 휴먼올림픽에 얼마나 많은 기대를 하고 열정을 쏟는지 알 수 있는 대목이다. 휴먼올림픽 하면 정진욱 총재가 떠오를 정도로 그에게 휴먼올림픽은 분신이나 다름없다. 강산이 세 번이나 바뀌는 세월을 헌신해 왔으니 어찌 아니 그러겠는가!

올해는 코로나로 행사 일정에 차질이 생겼다. 하지만 예외는 없다. 정진욱 총재는 원래 예정보다 한 달 늦춰 5월 28일~29일 제33회 한국휴먼올림픽을 개최했다.

28일은 서울 강남 엘리에나호텔 그랜드볼룸에서 전야제 행사를 열었다. 코로나 위기 시국을 고려하여 참석인원을 최소규모로 제한했다.

29일에는 KBS 88체육관 메인 행사도 정부 방역지침을 준수하여 최소인원으로 비대면과 동시에 대면 행사를 진행했다.

코로나가 진정되면 국제휴먼올림픽은 11월에 예정대로 치를 계획이다. 모든 준비는 끝났다.

그가 전하는 덕담 한마디.

"우리 국민은 위대한 능력이 있다. 힘든 시기에 같이 힘을 내서 노력하면 어떤 어려움이 닥쳐도 슬기롭게 극복할 수 있다고 본다."

"30년 동안 단체를 이끌고 휴먼올림픽을 개최해오면서 함께 동참해 주시는 분들이 있어서 큰 힘이 됩니다."

정진욱 총재가 이끌어가는 조직에는 전문지식을 갖춘 '인적 구슬'이 많다. 꿰어야 보배다.

정진욱 총재는 폭넓은 인프라를 바탕으로 올해부터 수익 창출 쪽으로 많이 고민하고 있다.

WILDS EFFECTER

Want | 미래에 이루고 싶은 꿈이나 목표가 있다면 어떤 것들이 있으신가요?

— 인류의 아름답고 건강하고 행복한 삶을 위한 휴먼올림픽과 휴머니티 회복운동을 전 세계로 전개.

Imagine | 원하는 것이 이루어진 상태를 상상하면 어떤 모습인가요? 무엇이 보이고 들리고 느껴지시나요?

— 전쟁과 테러가 없는 평화로운 세상에서 사람들이 행복해하는 모습.

Learn | 미래 성공 모습이 되기 위해 개발할 능력이나 학습하고자 하는 것들은 무엇인가요?

— 휴먼산업의 발전을 위한 교육.(인류의 행복을 추구하는 휴먼 교육.)

Declare | 꿈과 목표를 이룰 것을 세상에 선언한다면 무엇이라고 말씀하시겠습니까?

— 나 정진욱은 70세까지 지구와 인류를 위한 성공적인 휴먼산업발전과 휴먼올림픽의 성공을 이룬다.

Share | 자신의 성장과 성취를 통해 얻은 결실, 배움, 지혜 등을 누구에게 어떤 방식으로 나누거나 기여하고 싶으신가요?

— 꿈과 미래의 주인공들에게 교육을 통하여 나누며 함께하고 싶다.

길 없는 길 걷는 도전의 아이콘
사단법인 도전한국인본부 상임대표

조
영
관

조영관

조영관 박사는 사단법인 도전한국인본부의 역사이자 산중인이다.

2012년 NGO 단체 도전한국인본부를 설립한 창립자이자 상임대표로 10년째 단체를 이끌어오면서 매년 7월 8일을 7전 8기 도전의 날로 정하고 꿈, 희망, 나눔과 도전정신 확산 범국민운동에 앞장서 왔다.

세상에는 두 부류의 사람이 있다. 도전하는 사람과 도전하지 않는 사람이다.

도전하지 않으면 실패도 없지만 아무것도 얻을 수 없다. 추운 겨울을 이겨낸 씨앗만이 새싹을 틔우고 아름다운 봄꽃을 만들어 낼 수 있듯이 실패와 시련에도 굴하지 않고 꿈을 향해 한 발 두 발 나아가는 그 자체가 도전이다.

조영관 박사의 가치관은 '한 사람의 열 걸음'보다 '열 사람의 한 걸음'을 더욱 소중하게 생각하고 꿈, 희망, 나눔과 도전정신으로 더 좋은 세상을 향해 우리 모두 함께 만들어가는 세상이다.

자신을 위해서가 아니라 나누고 공유하며 긍정적으로 발전해나가기를 원한다. 나눔과 봉사 정신은 또 다른 기적을 낳는다. 사회에서 받은 감사함이 씨앗을 뿌리고 거두고 나누는 선행을 이어나가는 나비 효과를 불러일으킨다.

조영관 대표는 두 가지의 명함을 가지고 있다. 가정을 꾸리기 위한 직장 명함과 시간과 재능을 나누기 위한 명함들이다. 몸은 하나지만 하는 일을 보면 입이 딱 벌어진다. 국내 제1호로 역사에 남을 수 있는 다수의 기록을 만들어왔다.

민간기념일인증, 국내기록인증, 세계기록인증, 다국어시험인증, 봉사시간인증, 명품축제선정, 호국시상(군인, 경찰, 소방공무원), 자치단체장상, 모범의회상, 모범의정상, 도전한국인상, 나눔봉사상, 창조경영인상, 문화예술인상, 도전페스티벌, 일자리창출경진대회, 큰바위얼굴상, 도전명예의전당, 한국노벨수상추천, 희망의 얼굴, Best 명장명품명인.

모두 조영관 박사가 제정한 상이다. 일회성 행사가 아니라 민간차원에서 지속적으로 활동이 이어지고 있으니 이 분야에 있어서는 타의 추종을 불허한다.
많은 일을 하다 보니 항상 바쁘다. 하지만 얼굴 한번 찡그리는 법이 없다. 누굴 만나도 상냥하고 밝은 얼굴이다. 나름대로 노하우가 있다.
출근하기 전 새벽 시간과 퇴근 후 일의 우선순위를 정하고 주말 이틀, 심지어 명절 연휴까지도 시간을 효율적으로 운영한다.

그는 대한민국을 넘어 세계무대로 뻗어나가고 있다. 조영관 대표는 2018년 11월 프랑스 파리 에펠탑 시상식, 2019년 5월 중국 화안국제호텔(연대 소재)에서 도전한국인 중국지역본부 창립 및 시상식을 개최하였다.

2019년 10월에는 3번째 해외 시상으로 미국을 방문하여 조지메이슨대학교 매나서스 캠퍼스에서 세계기록 인증식을 갖고 미국 실리콘밸리의 작은 거인 김태연 TYK그룹 회장에게 세계기록 인증 메달을 수여했다.

"세상을 아름답게 하는 모든 것들은 누군가의 꿈에서 시작된다. 도전이 없으면 미래도 없다."

스스로 어려움을 딛고 미지의 세계를 향해 거침없이 도전해온 도전한국인본부 조영관 대표가 강조하는 말이다.

그 꿈은 처음에는 작고 미미하지만 포기하지 않는 도전의 발걸음은 위대한 현실을 만들어 갈 수 있다.

조영관 대표는 아름다운 세상을 만들기 위한 첫걸음으로 몇 가지 큰 도전의 씨앗을 심었고, 튼튼한 거목으로 자랄 수 있도록 열정을 쏟아왔다. 그의 도전 철학에 매력을 느껴 합류하는 사람들이 늘고 있다.

그의 도전은 여기서 멈추지 않고 굴리면 굴릴수록 기하급수적으로 커지는 눈덩이처럼 한국을 넘고 아시아를 넘어 더 크고 넓은 세상을 향하고 있다.

국내최고기록인증을 주도한 조영관 대표는 아시아 중심의 한류와 4

차산업혁명의 중심에서 차별화된 기록RECORD을 발굴하여 세계기록 인증원S-WORLD RECORD을 창립했다.

국내와 해외에 있는 존경받는 분들을 발굴하여 세상을 선하게 변화시키는 인물을 발굴하고 응원하는 문화를 만들어가는 역할을 하고 있다.

조영관 대표는 '도전한국인상'을 발굴 시상 운영한 경험과 노하우를 바탕으로 '큰바위얼굴상'을 제정하였다.

'큰바위얼굴'은 돈이나 명예나 권력보다는 끊임없는 자기 탐구를 거쳐 진실한 삶을 살며 모두에게 겸손하고, 생활의 일치와 사랑을 실천하는 시대의 어른을 의미한다.

코로나 위기 속에서도 조영관 박사의 도전 행보는 멈추지 않았다. 2020년 3월 20일 오후 3시 한국프레스센터에서 '코로나19' 위기 극복을 위한 대한민국 희망 프로젝트 '희망의 얼굴' 선정 축하식을 온라인 행사로 진행하였다. 그 이후로도 '희망의 얼굴'들을 꾸준히 발굴, 선정, 시상해오고 있다.

인증 분야에도 많은 열정을 쏟고 있다. 국내외 최고의 명장 명품, 명인 기록을 인증해오고 있다. 최고 중의 최고Best of Best도 있다.

2021년 5월 20일 도전한국인이 공식 인증한 대한민국 BEST 명장 명인 17명이 탄생했다.

행정리더십leadership에서 탁월한 영향력을 발휘한 자치단체장을 응원하고 격려하는 대한민국 모범자치단체장 시상식도 꾸준히 개최해 왔다.

조영관 대표의 헌신적 노력 덕분에 도전한국인본부는 해를 거듭할

수록 조직도, 규모도, 하는 일도 계속 커지고 있다.

나보다는 타인을 위해 희생하고 봉사하는 사람들이 의외로 많다. 위기 속에서 더욱 빛을 발하는 진정한 영웅이며 촛불 같은 사람들이다. 그런 사람들이 많아지고 선한 영향력이 확산하면 우리 사회는 분명 좋아질 것이다.

조영관 대표가 희망의 얼굴을 끊임없이 발굴, 선정, 시상하는 이유 또한 그 때문이다.

코로나 사태 이전과 달리 감염 예방 수칙을 준수하고 사회적 거리두기 정부 지침에 따라 소수의 인원이 마스크를 착용한 채로 수상자를 직접 찾아가는 방문 시상으로 진행하고 있다.

조영관 대표는 남을 비판하고 깎아내리기보다 누군가가 도전을 할 경우 그 도전에 대해 칭찬해주는 문화를 만들고 싶어 한다. 이런 도전 문화를 세계 곳곳에 전파하기 위한 일환으로 각 나라에 지부를 설립하여 확대해가고 싶은 꿈이 있다.

그가 꿈꾸고 도전하여 이룬 것들은 그를 다시 뛰게 하는 동력 에너지가 된다. 작은 거인의 발자취를 따라 도전이 습관이 되고 장려되는 문화가 곳곳에서 샘솟기를 바라면서 그는 도전하고 또 도전하기를 반복한다.

그가 뿌려놓은 도전의 꽃씨가 활짝 피고 무성하게 뿌리 내려 10년 후 대한민국 전역을 아름답고 위대한 도전의 꽃물결로 뒤덮을 수 있을까?

새로운 도전을 거침없이 계속하는 조영관 대표가 또 무슨 일을 벌일

지 궁금함과 호기심이 밀물처럼 밀려온다.

대한민국 도전정신을 확산시키는 선두에는 언제나 혼신의 열정을 쏟아붓는 도전의 아이콘 조영관이 있다.

WILDS EFFECTER

Want | 미래에 이루고 싶은 꿈이나 목표가 있다면 어떤 것들이 있으신가요?

— *100만 서포터즈.*

Imagine | 원하는 것이 이루어진 상태를 상상하면 어떤 모습인가요? 무엇이 보이고 들리고 느껴지시나요?

— *역사적 기록.*

Learn | 미래 성공 모습이 되기 위해 개발할 능력이나 학습하고자 하는 것들은 무엇인가요?

— *미래 산업.*

Declare | 꿈과 목표를 이룰 것을 세상에 선언한다면 무엇이라고 말씀하시겠습니까?

— *나는 도전 선구자다.*

Share | 자신의 성장과 성취를 통해 얻은 결실, 배움, 지혜 등을 누구에게 어떤 방식으로 나누거나 기여하고 싶으신가요?

— *도전자들에게 나눔과 기여.*

국경 없는 국제자원봉사총연합회장

황 종 문

황종문 국제자원봉사총연합회장은 평생을 봉사로 잔뼈가 굵은 인물이다. 자그마치 봉사활동을 해온 세월이 46년에 이른다.

황 회장은 국제생활건강괄사협회장, 사단법인 녹색환경운동연합 명예회장직도 맡고 있다.

4월 21일 오후 서울 영등포 영중로에 있는 황 회장의 사무실에서 그를 만나 인터뷰했다. 남연건강연구소장이라는 안내 문구가 눈에 들어온다. 그의 호가 남연이라는 사실을 알았다.

봉사 쪽으로는 대한민국에서 단연 두각을 나타내고 있는 인물이다.

황 회장은 위에 언급한 직함 이외에도 단체장 및 임원으로 활동하는 사회봉사단체가 10여 개에 이른다.

서울 영등포구 영중로와 대구 북구 태전로에 사무실이 있다. 10년째 서울과 대구, 원주를 매달 오가며 봉사활동을 해오고 있다. 대구에서 돈벌어서 서울과 원주에서 봉사활동비로 쓰고 있다.

46년째 국내외를 오가면서 봉사활동을 하고 수많은 각종 대회를 개최해왔으니 그가 그동안 받은 상은 일일이 열거할 수가 없을 정도로 많다.

　그는 도전한국인이 공식 인증한 대한민국 괄사刮痧 명인이다. 괄사봉사 시술로 한국최고기록을 인증받았다.
　황종문 회장은 김수환 추기경이 하신 말씀을 듣고 큰 감동을 받았다고 털어놓았다.

“내가 죽을 때 나는 웃고 다른 사람이 우는 사람이 되고 싶어요.”

　황종문 회장의 봉사는 혼자서 하는 봉사가 아니다. 뜻을 같이하는 사람들과 함께 손잡고 힘을 모아 영역을 넓혀 나간다. 그가 이끄는 단체 앞에 국제라는 말이 유난히 많이 붙는 이유다.
　혼자보다 둘이 나누면 힘이 배가 된다. 둘보다 넷이면 선한 영향력을 미치는 그 파급 효과는 ‘눈덩이’처럼 커진다.
　대구에 살면서 서울과 강원도 원주까지 이웃집 드나들듯 수시로 발품을 파는 수고로움을 기꺼이 감수한다. 누가 시켜서 하는 것도 아니다. 스스로 좋아 사서 하는 고생이다. 그렇다고 돈이 생기는 것은 더더욱 아니다. 오히려 자기 주머니 털어가면서 하는 자기희생이다.

“매사에 최선을 다하자.”

　수십 년째 봉사에 열정을 쏟으며 살아온 황종문 회장의 좌우명이다.

무엇이 그를 봉사에 그토록 빠져들게 했는지 그 이유가 궁금했다.

"1975년 야학부터 봉사를 시작했어요. 태권도 관장하면서 봉사를 병행했어요. 저는 장기도 기증 서약했어요."

황종문 회장에게 봉사는 신념이고 소신이다. 스스로 원해서 받들고 섬긴다는 자원봉사自願奉仕의 말뜻대로 조건 없이 행하고 실천한다.

소위 말하는 음지에 있는 사람들, 소외된 이웃들에게 손을 내밀어 섬기는 마음으로 품어주고 힘을 실어준다.

봉사에도 격이 있다. 선거철이나 특정 기념일에 반짝 얼굴을 내밀어 생색이나 내고 남보란 듯이 과시하는 일회성 봉사는 희망 고문이나 다름없다.

일반적 후원도 좋지만 어려움에 부닥쳐있는 사람들의 아픈 마음까지 헤아려 보듬어주고 희망을 북돋워 줘야 한다.

강산이 변하고 수십 년 세월이 흘러도 변함없이 자원봉사의 삶을 살아온 황 회장의 말이라서 더욱 공감이 간다.

황종문 회장은 좀 더 체계적이고 효율적인 자원봉사를 펼쳐나가기 위해서 활동 범위를 넓히고 국제자원봉사총연합 산하 조직을 계속 추가 설립했다.

국제휴머니티총연맹 부총재, 국제자율신경조절학협회 부회장, 국제생활건강괄사협회 회장, 독도수호국민연합전국조직 관리위원장, 국제건강미용신문 회장, 국제휴먼올림픽괄사경락 심사위원장, (사)녹색환경운동연합 명예회장, 한국다문화중앙회 고문, ㈜녹색환경협회 중앙회 고문, 캠스월드대외협력위원회 회장, 남연역학작명연구원 원장.

한 사람이 이렇게 많은 단체에서 활동하고 있다는 자체가 그저 놀랍고 신기할 뿐이다. 그것도 전국 아니면 국제 조직에 직함도 회장, 원장, 부회장, 고문이다.

여기에는 황종문 회장의 숨은 뜻이 있다. 그가 참여하고 있는 모든 단체가 자원봉사, 환경 등과 밀접하게 연계되어 있다는 사실이다.

황종문 회장이 몸담은 단체들이 상호 유기적으로 자원봉사활동을 하는 데 기폭제가 되어주고 디딤돌 역할을 해준다. 하는 일이 많다 보니 늘 바쁘다.

황종문 회장의 자원봉사는 국경이 없다. 코로나가 발생하기 전까지만 해도 해외 봉사 및 행사를 자주 나갔다.

지금까지 자원봉사를 해오면서 겪은 애로사항과 어려움이 얼마나 많았을까 생각하니 가슴이 찡했다. 하지만 황 회장이 그동안 쏟은 땀과 열정은 헛되지 않았다.

인터넷의 등장으로 지구촌이 하나로 연결된 글로벌 시대가 아닌가!

황종문 회장이 그토록 자원봉사와 글로벌 연대의 필요성을 강조하면서 그물망처럼 다져놓은 국제자원봉사총연합회와 관련 단체들이 글로벌 시대와 어울리니 이런 현실이 올 것을 대비하기 위해 철저하게 준비해온 것은 아닐까? 아니면 우연의 일치일까?

황종문 회장도 한때 사업을 한 적이 있다. 당시 큰돈을 벌기도 했다.

그러나 믿었던 직원의 배신으로 회사가 무너지고 모은 재산도 다 날아갔다. 하지만 황 회장은 그 뼈아픈 사건을 통해 돈보다 더 소중한 것을 얻게 되었다면서 오히려 지금이 더 홀가분하고 마음 편하다고 털어놓는다. 주머니는 비록 얇아졌지만 봉사하면서 사는 자체가 즐겁다고 고백한다.

그렇게 살다 보니 나보다 남을 먼저 생각하고 배려하는 마음이 습관처럼 굳어졌다.

황종문 회장은 국제자원봉사업무에만 매달리며 살아온 탓에 정작 가장으로써의 역할은 소홀했다면서 그런데도 1남 1녀의 자녀들이 반듯하게 잘 성장했다고 고마워한다.

아들은 멘사 회원으로 LG연구원이고, 중국어를 전공한 딸은 남방항공에 근무한다. 며느리와 사위는 삼성연구원이다.

황 회장은 봉사자들 모두가 신나고 즐겁게 봉사하는 마음을 가지고 싶어서 '좋아 좋아 봉사야' 노래도 직접 작사했다.

황 회장은 봉사 재원을 마련하기 위해 자신의 아호를 딴 '남연 ETC' 판매 보급을 하고 있다. 남연 ETC는 인체의 자율신경을 조절하는 기제품으로 여기서 나오는 판매 수익금은 어렵고 힘든 사람들을 위해 사용한다.

황 회장은 자금 사정이 여의치 못해 자원봉사활동을 하는 데 한계가 있다면서 앞으로 상황이 나아지면 더 많은 봉사를 하고 싶다고 다짐한다.

황종문 회장은 앞으로 진짜로 하고 싶은 일이 하나 더 있다면서 깊은 속내를 드러낸다.

"제 꿈은 여생을 캠핑카 하나 사서 전국 순회하면서 주특기인 괄사를 중심으로 한 대체요법으로 봉사를 하면서 살고 싶어요."

황 회장의 설명에 의하면 괄사는 우리 몸에 쌓여있는 독소를 배출하고 막힌 혈을 뚫어 순환시킴으로 질병을 예방할 수 있는 가정요법으로 부작용이 전혀 없다.

건강 문제가 최대의 화두로 떠오른 요즘 시대를 살아가는 노인들에게 건강관리요령을 황 회장에게 물었다. 대답이 의외로 심플하고 명료하다.

자주 걷고 손발 자주 주무르시고 과식하지 말라고 조언한다.

황종문 회장을 인터뷰하고 나서 내한민국의 희망을 발견했다. 대한민국에 이런 사람들이 있기에 이만큼이라도 이 나라가 돌아가고 있다는 생각을 했다.

WILDS EFFECTER

Want | 미래에 이루고 싶은 꿈이나 목표가 있다면 어떤 것들이 있으신가요?

— 캠핑카로 전국 농어촌 노인분들 중 의료혜택을 못 받는 분들에게 자그마한 재능으로 도움을 주고 싶고 환경의 중요성을 일깨우는 일에 동참해 건강한 환경을 만드는 데 일조하고 싶다.

Imagine | 원하는 것이 이루어진 상태를 상상하면 어떤 모습인가요? 무엇이 보이고 들리고 느껴지시나요?

— 그냥 편하게 마음 비우고 사람들과 같이 웃고 얘기하고 배려하면서 예전의 시골 생활같이 정을 주고받는 아름다운 세상을 상상해본다.

Learn | 미래 성공 모습이 되기 위해 개발할 능력이나 학습하고자 하는 것들은 무엇인가요?

— 지금 하고 있는 대체의학의 더 심오한 공부와 환경의 심각성에 더 생각하고 개선하는 방법을 공부하고 배우고 실천하고 싶다.

Declare | 꿈과 목표를 이룰 것을 세상에 선언한다면 무엇이라고 말씀하시겠습니까?

— 인간답게 살고 서로 배려하고 이해하면서 욕심 부리지 말고 마음을 비우고 살자.

Share | 자신의 성장과 성취를 통해 얻은 결실, 배움, 지혜 등을 누구에게 어떤 방식으로 나누거나 기여하고 싶으신가요?

— 소외받은 고령화시대의 어려운 분들에게 도움이 되고 싶고 점점 심각해지는 환경에 조금이라도 도움이 되기 위해 뜻 맞는 사람들끼리 뭉쳐 같이 묵묵히 꾸준히 더불어 살아가고 싶다.

행복한 성공, 100권의 책을 읽고, 100명의 전문가를 만나고, 100곳을 방문하라!

사람과 사업이 지속가능하게 하는 힘

와일드 이펙트

유광선 지음 | 304쪽 | 신국판 | 값 18,000원

간절히 원하고, 생생하게 상상하라!
뜨겁게 공부하고, 당당하게 선언하라!

이 책의 저자는 자신이 찾은 행복한 인생의 비밀을 WILD라는 단어에 담아냈다. WILD는 Want, Imagine, Learn, Declare의 앞 글자를 조합한 것으로 WANT: 내가 하고 싶은 일을 원하고 좇는 삶, 가슴이 뛰는 삶, IMAGINE: 목표가 이루어졌을 때를 상상하는 즐거움, LEARN: 배움의 자세, DECLARE: 꿈을 이루기 위해 빠른 시일 내에 실현 가능한 단계적 목표를 세워 실천의 족쇄로서의 선언이다. 저자가 제시하는 실제 사례들과 제안들처럼 WILD하게 살다 보면 인생을 주도적으로 개척해 나가는 방법을 터득하게 될 것이며 일상을 소중하게 생각하고 내가 가진 것에 감사해하고 있는 자신을 발견하게 될 것이다.